D1749459

Gottfried Glechners
HALBLUSTIGES LESEBUCH

[signature]
13. 10. 95

Gottfried Glechners

HALBLUSTIGES LESEBUCH

Schöne Geschichten und
häßliche Gedichte

Moserbauer Druck & Verlag

Illustrationen von Wolfgang Glechner

Alle Rechte beim Verfasser!

Gesamtherstellung:
Moserbauer Druck- und Verlag, 4910 Ried i. I.

ISBN 3-900847-21-5

Die Donaufahrt

In meinen frühen Kinder- und Schülerjahren habe ich in dem kleinen Dorf Freiling gelebt, das an einem lieblich sich dahinschlängelndem Bach liegt. Dieser Bach war so schmal und so seicht, daß man kaum darin schwimmen konnte. Kein Bewohner unseres Dorfes beherrschte daher die Kunst des Schwimmens.

In meinem elften Lebensjahr übersiedelte unsere Familie in eine Gegend, die weithin aus langgezogenen hügeligen Rücken bestand und wo es weit und breit nicht einmal ein Bächlein gab. Nur Lehm und Erde und Grund und Boden, wie es sich der Bauer wünscht. Den Menschen der ganzen Gegend war eigentlich das Wasser etwas überaus Fremdes, sie schätzten es nicht einmal zum Trinken. Kaum jemals in meinem späteren Leben habe ich ausgeprägtere Landratten kennengelernt und ebenso wasserfremde, ja wasserscheue Menschen wie meine Landsleute aus der Kinderzeit.

Ich freilich, ich wurde aufs Gymnasium geschickt, nach Linz, und nach den mühseligen Latein- und Griechischstunden führte man uns auch ins anstaltseigene Schwimmbad. Dort schnallte mir ein schnaufender, dickbäuchiger Bademeister einen Gurt um die Brust und ließ mich an einer Stange wie einen zappelnden Karpfen ins Wasser. Ich lernte meinen angeborenen Widerwillen gegen das nasse Element langsam überwinden und war nach Jahr und Tag ein leidlich guter Schwimmer und vor allem ein unermüdlicher Taucher. Eine meiner Schwestern, die ich einmal in den Sommerferien dazu überredet hatte, mit mir zu einem tiefen Tümpel der Antiesen zu fahren, bedeckte vor Entsetzen mit beiden Händen ihr Gesicht, als ich kopfüber ins Wasser sprang und eine Weile nicht mehr zum Vorschein kam. Es ging ihr wohl wie einer Henne, die Enteneier ausgebrütet hat und jetzt mit ihren Küken erstmals zu einem Wasser gelangt. Todunglücklich läuft sie am Ufer hin und her, wenn ihr mißratener Nachwuchs nichts Eiligeres zu tun hat, als sich ins Wasser zu stürzen und sicherlich darin zu ersaufen.

Jahre später, immer noch auf dem Gymnasium, hatte ich auch zu den größten Gewässern der Erde, zu Strömen und Meeren, eine besondere Beziehung gewonnen, freilich nur in der Fantasie:

Ich las mit Begeisterung Seefahrergeschichten und Piratenromane. Ein Klassenkamerad und enger Landsmann von mir namens Alois Großbötzl war in einer ähnlichen Schwärmerei befangen: Er begeisterte sich für Seeschiffe aller Art, kannte sämtliche Schiffstypen und sammelte Bilder von U-Booten, Zerstörern, Schlachtkreuzern und berühmten Passagierdampfern. Unser beider Interessen berührten und durchdrangen sich, und nicht selten schwärmten wir gemeinsam von Schiffen und Seefahrten. Es schien aber kaum einen Weg zur Verwirklichung unserer Abenteuerlust zu geben.

Eines Tages in den Sommerferien bekam ich von meiner Mutter den Auftrag, unserer Großtante Lini eine geschlachtete Ente nach Obernberg am Inn zu bringen. Ich machte mich mit dem Fahrrad auf den Weg, lieferte den fetten Vogel ordnungsgemäß ab und erhielt fünfzig Groschen Botenlohn. Da ich noch viel Zeit hatte, fuhr ich nach Urfahr hinunter, in den unmittelbar am Inn gelegenen Ortsteil von Obernberg, um mich eine Weile ans Ufer des Flusses zu setzen, den dahingleitenden Wellen nachzusehen und meinen Träumen nachzuhängen.

Neben einem ärmlichen Haus lag eine alte, schäbige Zille im Gras. Ein älterer Mann, mit einer Hacke und einer Säge in der Hand, betrachtete sie nachdenklich. Ich kam mit dem Mann ins Gespräch und erfuhr, daß er gerade darangehe, seinem ausgedienten Boot den Gnadenstoß zu versetzen und Brennholz daraus zu machen. „Ist es zu nichts mehr zu gebrauchen?" fragte ich. – „Es ist undicht und läßt Wasser ein", antwortete er, „und was das Wichtigste ist: Das Holz ist morsch und schwammig und wurmstichig. Es geht nichts mehr mit dem alten Schwartling. Ich hab schon ein neues Boot!" – „Es ist schade um die schöne Zille", murmelte ich. „Taugt sie gar nicht mehr?" – „Sie hat's bis jetzt getan, die alte Kraxn!" brummte er. „Aber sie trinkt zuviel Wasser! Wenn man sie gut schoppt, dann schwimmt sie wieder vierzehn Tage, wenn man immer fleißig schöpft. Mehr Arbeit als Nutzen!" – „Mein Gott! Wenn ich so ein Boot hätte!" seufzte ich sehnsüchtig. „Was tätest du damit?"

lachte der Mann. „Fahren auf dem Wasser und Abenteuer erleben!" – „Und ersaufen!" spottete er.

Kurz und gut: Der Mann, er war ein Häuslmann und Fischer, überließ mir tatsächlich die Zille für sechs Schilling Kaufpreis. „Das ist der Brennholzwert", sagte er. Dann versprach er noch, die Zille ein wenig instandzusetzen und notdürftig zu schoppen, während ich zusagte, ich würde ihm morgen die sechs Schilling bringen und, zusammen mit einem Freund, das Boot in Empfang nehmen. „Und wo wollts ihr eigentlich hinfahren?" fragte er zum Schluß.

In meinem Hirn waren inzwischen gewaltige Pläne ins Kraut geschossen, nicht gerade eine Atlantik-Überquerung, aber sicherlich eine Donaufahrt bis ins Schwarze Meer. Davon redete ich aber nicht, sonst würde er vielleicht unseren Handel rückgängig machen. „Nur so ein wenig herumgondeln", sagte ich. – „Das ist das Gescheiteste", meinte er. „Ein paar Kilometer flußabwärts bildet der Inn Seitenarme und Altwässer und kleine Uferteiche. Dort ist ruhiges Wasser. Aber seid vorsichtig, daß euch nichts passiert! Und kommt ja nicht auf den Gedanken, etwa zu fischen!"

Hochbeglückt und in freudiger Erregung fuhr ich mit dem Rad zu meinem Freund Alois Großbötzl, der nicht weit von meinem Elternhaus wohnte, und teilte ihm mit, ich hätte ein Boot im Inn bei Obernberg liegen, und wir könnten endlich unsere Seefahrerträume verwirklichen. Der Lois war gleich ebenso begeistert wie ich. Seine Eltern waren zunächst entschieden dagegen und prophezeiten uns ein nasses Grab. Schließlich gaben sie aber doch nach und willigten bangen Herzens ein. Wir wollen nur den Inn hinabfahren, beteuerten wir, in die Schärdinger Gegend, vielleicht sogar bis Passau. Wir sind beide gute Schwimmer. Es kann nichts passieren! Daß wir vielleicht auf der Donau hinunter, auf jeden Fall bis Linz, fahren wollten, davon sagten wir nichts. Erst recht nichts von unseren nebulosen Träumen, uns an der Kaiserstadt Wien und an Budapest vorbei schließlich ins Schwarze Meer treiben zu lassen.

Als ich gegen Abend endlich zu meinen Eltern heimkam, mußte ich abermals dieselben Überredungskünste aufbieten, bis sie mit unseren abenteuerlichen Reiseplänen so halbwegs einverstanden waren.

Ich traf eilends alle Vorbereitungen, verstaute Kleidungsstücke, Lebensmittel, den Spirituskocher, eine Taschenlampe, eine Landkarte und anderes Kleinzeug in meinem Rucksack und stellte ihn, fertiggepackt, auf die Wandbank in unserer Bauernstube.

Mein Pech wollte es, daß an diesem Abend noch ein Landstreicher bei uns zusprach und um ein Nachtquartier bat. Als er abends an seinem Bettlertisch saß und die Milchsuppe löffelte, die ihm meine Mutter kredenzt hatte, erkundigte er sich, was es mit dem vollen Rucksack auf sich habe, der neben ihm stand. Die Mutter gab ihm bereitwillig Auskunft und erwähnte auch ihre Besorgnis wegen des gefährlichen Unternehmens. Der Fremde pflichtete ihren Befürchtungen lebhaft bei. Er sei früher einmal Matrose gewesen, auf der Donau, und wisse, was das für ein selbstmörderischer Beruf sei. Die Donau verschlinge alles, und niemand glaube, wie häßlich und erbärmlich Wasserleichen aussähen.

Fast hätte uns der Halunke unser Seeabenteuer verdorben. In dem Wortwechsel mit ihm stellte sich aber heraus, daß der angebliche Matrose überhaupt nicht schwimmen konnte, weil, wie er sagte, kein echter Matrose schwimmen könne, um Gott nicht herauszufordern. Nur mit Mühe und vielen Beteuerungen, wie vorsichtig wir sein würden und wie meisterhaft wir schwimmen könnten, und nie müsse man im Notfall mehr als den halben Fluß durchschwimmen, konnte ich schließlich die Eltern weichkriegen und ihre Einwilligung aufrechterhalten.

Trotzdem ließ mich am nächsten Morgen die Mutter nur mit Bangen fort und segnete mich zum Abschied mit Weihwasser und frommen Wünschen.

Ich holte meinen Freund ab, und wir radelten zu unserem Boot. Der Fischer hatte es in aller Eile abgedichtet – ‚geschoppt', wie er sagte –, ans Innufer gebracht und vertäut. „Könnts überhaupt umgehen mit so einer Zille?" –„Ja ja", entgegneten wir, „wir sind schon öfter auf dem Wasser gefahren", obwohl jeder von uns nur einmal in Gmunden in einem gemieteten Ruderboot gesessen war. „Naja, dann wünsch ich euch Glück!" sagte er.

Zillen sind lange, niedrige Holzboote ohne Kiel mit flachem Boden. Deshalb nennt man sie auch Plätten. Sie werden von Berufsfischern und Flußanrainern als billige Wirtschaftsfahrzeuge benützt. Unsere Zille war etwa fünf Meter lang und weniger als einen Meter breit. Ihr Holz war schon recht mürb und angesoffen, da sie meist bis oben im Wasser lag. Dadurch war sie außerordentlich schwer geworden und auf dem Land nur mit Mühe zu transportieren. Der Bug lief in eine stumpfe Spitze aus, die wie eine vorlaute Nase emporragte, das Heck endete plump rechteckig. Ganz vorne, knapp vor dem erhöhten Bugschnabel, war ein Sitzbrett angenagelt. Dort bewahrten wir unsere Rucksäcke und anderen Habseligkeiten auf. Es war der Platz, den das im Boot langsam ansteigende Wasser am spätesten erreichte. Der Fischer gab uns ein Ruder mit und eine kurzstielige hölzerne Schöpfschaufel. Diese brauchten wir notwendig, weil man von Zeit zu Zeit das eindringende Wasser ausschöpfen mußte.

Wir baten noch um ein Brett, das man als weitere Sitz- oder Ablagefläche einfach quer über das Boot legen konnte. Schließlich ersuchten wir um ein zweites Ruder. Das brauche man auf einer Zille eigentlich nicht unbedingt, meinte er, brachte uns aber doch eines aus seiner Holzhütte. Es war freilich schon recht schäbig und abgenützt.

So stiegen wir endlich ein, oder besser, wir gingen an Bord. Der Fischer wünschte uns nochmals Glück und löste die Vertäuung. Das heißt, er knüpfte das schleißige Strickende von einem Weidenstrunk los und warf es uns ins Boot.

Jetzt waren wir frei! Und siehe, das Boot bewegte sich! Die Strömung begann es zu erfassen!

Ich war um ein Jahr älter als mein Kamerad und fühlte mich als der berufene erste Steuermann. Unsere Zille merkte aber sofort den unerfahrenen Lenker und fing an sich zu drehen. Trotz meiner sofortigen Bemühungen fuhren wir unsere ersten Seefahrerminuten mit dem Hinterteil voran dem Schwarzen Meer entgegen. Der Fischer schaute uns kopfschüttelnd nach.

Eine Zille bedient gewöhlich ein einziger Schöffmann. Er steht am hinteren Ende des Bootes und führt das Ruder immer nur auf einer, meist auf der linken, Seite. Er läßt es eng an der Bootswand nach hinten gleiten, und erst am Ende des Bootes steuert er das Fahrzeug, indem er das Heck entweder durch einen Zug oder durch einen Druck nach links oder nach rechts zwingt. Nach kurzer Zeit hatte ich begriffen, wie man das macht. Vielleicht hatte ich es auch schon bei einem Zillenfahrer gesehen.

Den zweiten Schöffmann und damit das zweite Ruder benötigten wir normalerweise nicht. Wir ließen uns ja einfach von der kräftigen Strömung flußabwärts treiben und fuhren so schnell wie das Wasser. Nur wenn man Hindernissen ausweichen oder ans Ufer kommen will, ist es förderlich, wenn ein zweiter Ruderer kräftig mithilft, das Boot, das man jetzt mit dem Bug flußaufwärts richtet, zur Seite zu zwingen und nicht allzu weit abtreiben zu lassen.

Nach einer Weile übernahm mein Freund das Steuer und vollführte einige Übungsmanöver, bis wir uns beide als ausgelernte Kapitäne fühlten.

So, und was wäre, sagten wir, wenn wir jetzt unsere Fahrt stoppen oder unterbrechen wollten? Nehmen wir an, wir müßten jetzt ans Ufer und landen!

Der Inn hatte gerade dort ein reguliertes Ufer, sodaß auch am Ufer eine kräftige Strömung herrschte. Sofort wendeten wir das Boot, sodaß der Bug schräg flußaufwärts zeigte, und begannen verbissen gegen die Strömung zu rudern. Wir trieben weiterhin stromabwärts, näherten uns aber deutlich dem Ufer. Als wir beinahe schon anstreiften, sprang mein Freund mit dem Haltestrick an Land und zog das Boot gegen die Böschung.

Wir waren jetzt ausgelernte Seebären und nichts auf den Gewässern der Erde konnte uns mehr schrecken. Die nervöse Anspannung, die uns in der ersten Seefahrerstunde in Atem gehalten hatte, verging langsam. Es gab wirklich keinen Grund zur Aufregung mehr. Die Bahn war frei bis Passau! Höchstens die Innbrücke in Schärding! Dort spannte sich damals noch die mittelalterliche Holzbrücke über den Inn, die zwischen ihren Trämen, Streben und Stangen nur enge Durchlässe freiließ. Eine

Innschiffahrt gab es ja nicht. Diese Brücke hielt uns noch ein wenig in Spannung. Aber sie war noch weit weg.

Vorläufig konnten wir unbesorgt dahintreiben und endlich auch auf unsere Umgebung achten. Der Inn ist dort breit, und die Ufer sind flach, vor allem auf der bayerischen Seite. Weithin üppig wuchernde Augehölze mit Weiden, Erlen und Pappeln. Nur am österreichischen Ufer traten dort und da Geländestufen mit steileren Terrassen und Hügeln näher an den Fluß heran. Auf dem bayerischen Ufer gab es auch kaum einmal Dörfer oder Bauernhäuser zu sehen, während wir mehrmals an malerischen österreichischen Orten vorbeiglitten. Der schöne Markt Obernberg entschwand ganz hinten, der Turm des Stiftes Reichersberg grüßte, lange Zeit zeigte sich das ehemalige Kloster Suben.

Dazu schien die Sonne vom Himmel und tauchte die Landschaft in ein goldenes Licht. Wir hatten die Badehosen angezogen, saßen auf dem Sitzbrett und hielten die Hände über Bord in den Fluß. Und immer standen wir mit den nackten Füßen bis zu den Knöcheln oder Waden im Wasser, wie es gerade beliebte. Bis wieder einer zur Schaufel griff und das Boot ausschöpfte.

Wir befanden uns in der freudigsten Hochstimmung. Einmal noch machten wir ein Landemanöver, auf der bayerischen Seite, ohne Paß im Ausland. Wir setzten uns an der Mündung der Rott in den Sand und aßen ein Butterbrot.

Dann legten wir wieder ab und setzten unsere Seereise fort. In einige Erregung gerieten wir erst wieder, als die Schärdinger Brücke vor uns auftauchte. Wir griffen beide zu den Rudern und lenkten unser Schiff im tosenden, wirbelnden Wasser glücklich zwischen den Bückenstreben und dort hängengebliebenem Ast- und Strauchwerk hindurch. Die Bahn nach Passau und zur Donau war frei!

Rechts grüßten die Häuser der Stadt Schärding, links die Mauern des Klosters Formbach. Wir durchfuhren das romantische Tal des Inndurchbruchs und hatten nach einer Stunde die Türme von Passau vor uns.

In Hochstimmung trieben wir der alten Bischofstadt entgegen. Es hatte alles wunderbar geklappt! Ein wolkenloser Himmel strahlte auf uns herab, während wir unser Fahrzeug locker dahinlenkten und von Zeit zu Zeit das eindringende Wasser über Bord schöpften. Unser erstes Etappenziel war erreicht, schneller als uns lieb war, und es war uns beiden klar, daß das nicht alles sein durfte. Unsere Abenteuerlust war erst geweckt, aber beileibe nicht ausgekostet. Wir hatten zwar gegenüber unseren Eltern hauptsächlich von einer Fahrt auf dem Inn und von Passau geredet, es war aber immerhin auch die Bemerkung gefallen, wir würden schon sehen, wie es sich anlasse und daß wir etwa auch bis Linz fahren könnten.

Auf jeden Fall beschlossen wir jetzt, in Passau zu nächtigen und morgen unsere Schiffsreise fortzusetzen.

Je näher wir der Stadt und einem vielleicht von vielen Menschen beobachteten Landemanöver kamen, umso ängstlicher hielten wir uns am linken Ufer des Inns. Wir wollten ja bei dem Zusammenfluß der beiden Ströme in die Mündung der Donau hineinbiegen. Die schmale Landzunge, die sich am Zusammenfluß weit in den Mündungssee hinausschiebt, ist flach und mit Schotter bedeckt. Dort trieben wir unsere Zille gegen eine Sandbank und sprangen an Land. Von hier aus donauaufwärts zu rudern, bis zu den ersten Häusern der Stadt, war unmöglich, wenn auch die Strömung dort nur mäßig ist. So zogen wir unser Schiff mühsam stromaufwärts, bis wir die ersten Häuser erreichten. Vor einem Gasthaus wollten wir das Boot an einen eingemauerten Eisenpflock der Uferverbauung binden, aber der Strick war zu kurz. Also blieb mein Freund zurück, während ich in die nächste Eisenhandlung lief und eine lange Hundekette und ein Vorhängschloß kaufte. Schnell sicherten wir unser Schiff mit Kette und Schloß und übergaben unsere Rucksäcke der Wirtin zum Aufbewahren. Dann suchten wir das Kapuzinerkloster auf, wo wir über Nacht bleiben wollten. Wie wiesen uns als Schüler des Bischöflichen Knabenseminars Kollegium Petrinum in Linz aus und erhielten Bett und Frühstück im Kloster zugesagt. Gratis!

Noch war es aber nicht Abend, und wir konnten noch einige Sehenswürdigkeiten der Stadt anschauen. Die ganze Zeit aber dachten wir heimlich an unsere abenteuerliche Reise und an unser Boot. Plötzlich hielten wir es nicht mehr aus, wir mußten unser Schiff wieder sehen.

Als wir uns auf dem Uferkai dem auffallenden Eisenpflock und unserem Gasthaus näherten, wurden unsere Gesichter immer länger. Das Schiff war verschwunden! Keine Spur mehr von unserer Zille! Erst als wir ganz nahe an den Eisenpfahl herangingen und genauer schauten, sahen wir das Vorhängschloß. Und da war auch die Kette! Sie führte, zum Zerreißen gespannt, schnurgerade ins Wasser. Wir begannen an ihr zu ziehen, langsam und fest. Und wirklich, es hing etwas Schweres an ihr! Tief in den Fluten der Donau. Wir zogen kräftiger, aber weiterhin langsam, und auf einmal schob sich der Schnabel unseres Bootes aus dem Wasser. Wir packten es jetzt an diesem glitschigen Schnabel und hoben und zogen, und langsam tauchten auch die Flanken des Schiffes auf und entluden ihre Wasser in den Fluß. Mit viel Horuck, aber trotzdem behutsam, schoben wir unser Schiff zur Hälfte auf die gepflasterte Uferböschung und sahen dem abströmenden Wasser zu.

Es war uns schon klar: Wir hatten unserem Wasserroß eine zu lange Leine gegönnt, das war alles. Wir mußten es kürzer anhängen. Das taten wir nun. Und jetzt erst, als wir ein Ruder bemerkten, das sich glücklicherweise unter der Sitzbank verklemmt hatte, dachten wir daran, daß wir noch mehr Gebrauchsgegenstände auf dem Schiff zurückgelassen hatten. Das zweite, behelfsmäßige Ruder fehlte! Ebenso waren das Sitzbrett und die praktische Schöpfschaufel fortgeschwommen.

Der Hausknecht der Gastwirtschaft versorgte uns gegen ein kleines Trinkgeld mit neuen Sachen: einem passenden Brett, einem Besenstiel, an den er ein Brettchen nagelte, und einem alten blechernen Henkelgefäß, das zum Wasserausschöpfen taugen konnte. Wir holten die Rucksäcke aus dem Gasthaus, bedankten uns bei der Wirtin und beim Hausl und suchten unser Quartier im Kapuzinerkloster auf.

Am nächsten Morgen strahlte die Sonne ebenso wolkenlos vom Himmel wie am Vortag. Unsere Stimmung war auf dem Höhepunkt. Die Zille wartete unternehmungslustig an der Uferböschung auf uns. Nur das Hinterteil, mit dem sie halb im Fluß lag, war mit Wasser vollgelaufen. Wir holten die Ruder, das Sitzbrett und das Schöpfgefäß aus dem Wirtshaus.

Unsere gute Laune verlangte, daß wir unser Schiff endlich auch tauften, bevor wir es von Stapel ließen und erneut dem nassen Element übergaben. Wir verzichteten dabei auf Sekt oder ein sonstiges edles Getränk, sondern ich schöpfte mit unserem Schöpftiegel einen Guß Donauwasser, besprengte das Boot wie ein Pfarrer dreimal und sprach feierlich: „Wir taufen dich auf den edlen Namen Rosinante, den schon das berühmte Roß des Don Quixote, des Ritters von der traurigen Gestalt, in Ehre und Würde getragen hat!"

Jetzt sattelten wir unsere Rosinante, indem wir sie mit unseren Habseligkeiten beluden. Dann schoben wir sie ins Wasser und stiegen an Bord.

Wir legten ab. Getauft und geadelt trieb jetzt unser Schiff auf den breiten Zusammenfluß der beiden Ströme hinaus, stolzer und majestätischer als am Vortag, wie uns schien.

Die Donau ist nach allgemeinem Empfinden der Hauptfluß und bestimmt den gemeinsamen Namen des neuen Stroms, obwohl am Zusammenfluß der Inn der Mächtigere zu sein scheint und mit seinen helleren Fluten, die dunklen Wasser der Donau überrinnt. Wir hielten als Inn-viertler natürlich zum Inn.

Die barocken Türme der Stadt Passau und die bischöfliche Burgresidenz Oberhaus schwanden langsam aus unserem Blickfeld und das bewaldete Engtal der Donau nahm uns auf: beiderseits steile Abhänge, bis zum Fluß herab mit Wald bedeckt, rechts die nordwärts unvermittelt abfallenden Leiten des Sauwaldes, links die steilen Abstürze des Mühlviertler Granithochlandes. Oben auf den Höhen Burgen und Ruinen, unten am Ufer Dörfer und kleine Märkte. Das Donautal zwischen Passau und Linz gehört zu den schönsten Flußtälern Europas.

Wir fuhren an diesem zweiten Tag unserer abenteuerlichen Wasserreise tatsächlich bis Linz. Nur selten einmal gingen wir an Land, um etwas einzukaufen und irgendwelche Bedürfnisse zu erledigen, oder auch nur, um uns die Füße ein wenig zu vertreten. Sonst glitten wir unermüdlich, im Badedreß und ständig mit den Füßen im Bootswasser, zufrieden und ruhig dahin.

Immer wieder einmal schaute eine trotzige Burgruine auf uns herab, Krempelstein, Vichtenstein, Rannariedl, Marsbach, und weiter landeinwärts, aber gerade noch sichtbar, die mächtige Schaumburg; und viele andere, von denen manche nur noch mit ein paar Mauerresten dem ehrwürdigen Alter trotzten. Wir schmeckten den Atem der Geschichte und genossen die Erinnerung, daß auf der Straße am Strom einst die Nibelungen geritten waren auf ihrem Zug zu Etzels Burg.

Immer wieder freuten wir uns auch, wenn nach langem Dahingleiten an einsamen Ufern eine menschliche Siedlung auftauchte: Pyrawang auf der österreichischen und Obernzell auf der bayerischen Seite. Dann Engelhartszell mit dem Kloster Engelszell, in dem sich die einzigen Trappisten Oberösterreichs ihr Leben lang ausschweigen. In dem alten Schiffermarkt Aschach gingen wir an Land und zum Postamt und verständigten unsere Eltern mit einer Expreß-Postkarte, daß wir unsere Fahrt bis Linz oder sogar noch weiter fortsetzen wollten. Es gehe uns gut und sie sollten ohne Sorge sein, die Fahrt sei ganz ungefährlich.

Auf der Weiterreise grüßten noch viele schöne Orte, schon mehr gegen Linz zu Markt und Schloß Ottensheim, und zuletzt das Zisterzienserstift Wilhering, das freilich seine eigentliche Schönheit in seiner Kirche verbirgt. Aber diese hatten wir schon öfters gesehen.

Neben diesen Sehenswürdigkeiten der Landschaft verlangten aber auch die Führung und Lenkung des Bootes sowie die Notdurft des Lebens unsere Aufmerksamkeit.

Kaum hatten wir Passau verlassen, erschien hinter uns ein bayerischer Schiffszug aus der Donaumündung und warnte uns durch mehrmaliges Tuten. Schnell lotsten wir unser Boot näher ans südliche Ufer, um die Kolosse vorbeizulassen. Wir gerieten sogar ein wenig in Aufregung, als die Kielwellen des Dampfers unser Boot erreichten und einigermaßen zum Schaukeln brachten.

Mit solchen Schleppzügen, die uns überholten oder uns begegneten, hatten wir jetzt häufig zu tun. Besonders flußabwärts fahrende brachten uns wegen des hohen Wellenganges manchmal beinahe in die Gefahr des Kenterns, wenn sie nämlich aus irgendeinem Grund nicht in der Flußmitte, sondern mehr auf der Seite, die wir ausgesucht hatten, fuhren. Wenn man in den Strudel der Bugwellen geriet, konnte man nämlich die Zille mit dem steuernden Ruder nicht mehr so lenken, daß sie schön in Ufernähe entlangfuhr, sondern man mußte den Bug senkrecht gegen die daherlaufenden Wellenkämme richten, damit diese nicht mit geballter Wucht an die Flanke unseres wurmstichigen Bootes klatschen konnten. Nun ja, es ging sich immer noch aus. Einmal allerdings nur mit knapper Not, als in der extrem engen Kurve der Schlögener Schlinge ein Schleppzug allzu sehr auf unserer Seite daherkam. Damals gerieten wir mit unserem Fahrzeug in die gefährliche Nähe der Schiffsschraube und ihres Wasserstrudels, sodaß uns der Schrecken in die Glieder fuhr.

Sonst aber führten wir ein gemütliches Leben. Ich glaube, ich muß an der Stelle verraten, daß unsere Wasserreise schließlich bis Wien führte und ganze fünf Tage dauerte.

Die geräumige Zille hatte gegenüber einem schnittigen Kajak oder einem anderen Sportboot den Vorteil, daß man darin stehen und sogar ein paar Schritte gehen konnte. Dann und wann sprang auch einer von uns ins Wasser und schwamm eine Weile neben der Zille her. Sich am Boot hochstemmen und wieder einsteigen durfte man allerdings nur am Bug oder am Heck, damit das Fahrzeug nicht umkippte.

Nur selten leisteten wir uns den Luxus, in einem Gasthaus am Ufer zu speisen oder eine Limonade zu trinken. Meistens aßen wir an Bord: Brot mit Speck oder Wurst sowie halbreife Frühäpfel, die wir von daheim mitgebracht hatten. Auch ein Glas Honig und ein Glas Marmelade hatten wir von unseren Müttern mitbekommen. Milch und Käse für den nächsten Tag kauften wir abends in Geschäften. Eine gut verschlossene Zweiliter-Flasche mit Trinkwasser ließen wir außerhalb des Bootes in der Strömung mitschwimmen.

Unseren Spirituskocher setzten wir nur einige Male in Betrieb, um uns Spiegeleier zu braten. Einmal hatten wir dazu einen sehr ungünstigen Zeitpunkt gewählt. Wir stellten auf dem Querbrett in der Mitte des Bootes den Kocher auf, strichen Butter in die Aluminiumpfanne und schlugen sechs Eier hinein. Gerade als das Schmalz zu brutzeln begann und die Eier zu stocken anfingen, erschien an der unübersichtlichen Stelle ein Schleppzug. Wir mußten beide zu den Rudern greifen, um das Boot in den schaukelnden Bugwellen des Dampfers richtig zu führen. Es war nicht zu verhindern, daß der Spirituskocher samt Bratpfanne, Schmalz und Eiern von dem glatten Brett rutschte und alles in das Fußwasser des Bootes kippte. Da schwammen jetzt die goldgelben Spiegeleier zwischen unseren Waden herum. Viel fehlte nicht, hätten wir sie herausgefischt zum eigenen Verzehr. Wir haben sie aber dann doch den Fischen gegönnt.

Die mitgebrachte Butter konnten wir nur am ersten und am zweiten Tag einigermaßen genießen. Dann war sie in der Butterdose endgültig geschmolzen und ranzig geworden. Wir verwendeten sie nur noch zum Einschmieren unserer Schultern und Schenkel, um den Sonnenbrand zu lindern, den wir uns durch das tagelange Sitzen und Stehen in der Sonne zugezogen hatten. Eine Hautkreme hatten wir uns nicht besorgt. Als Zöglinge eines katholischen Internats hatten wir eine solche bisher als etwas Verachtenswertes, höchstens für feine Damen Zulässiges, abgelehnt. Es störte uns wenig, daß wir lebhaft nach ranziger Butter stanken. Haifische, wenn es solche in der Donau gegeben hätte, hätten uns sicher verschmäht.

Ich bin aber jetzt in meiner Erzählung dem zeitlichen Ablauf der Ereignisse ein wenig vorausgeeilt. Noch sind wir ja im zweiten Reisetag begriffen und haben eben das Stift Wilhering an uns vorbeigleiten lassen. Wir trieben auf Linz zu.

Hier wird das Donautal, nachdem man das breite Eferdinger Becken hinter sich gelassen hat, wieder schmal, und beiderseits treten Granitberge eng an den Strom heran, rechts der Kürnberg mit seinen Ausläufern, links das Mühlviertler Hochland.

Durch dichtere Besiedlung und lebhafteren Verkehr auf den Uferstraßen kündigte sich die Nähe der großen Stadt an. Allmählich wurden auch schon einzelne städtische Gebäude in der Ferne sichtbar. Auf welcher Flußseite sollten und durften wir landen und unser Boot festmachen, ohne den Schiffsbetrieb zu stören? Gab es behördliche Vorschriften? Zwei Uferstrecken an der Donau trugen die Namen „Obere Donaulände" und „Untere Donaulände", das wußten wir. Beide lagen am Südufer des Stroms, auf der Linzer Seite. Mit Hafen- und Schiffsbetrieb wollten wir nichts zu tun haben.

Wir ruderten also unsere Zille über die Flußmitte gegen das nördliche Ufer, auf die Seite von Urfahr. Dort war nicht nur die ruhigere Flußseite, sondern in Urfahr lag auch unser Internat, das Petrinum, wo wir über Nacht bleiben wollten.

Langsam trieben wir der Stadt entgegen. Jetzt konnte man auch die Donaubrücke sehen. Wir hatten vor, etwa dreihundert Meter oberhalb dieser Brücke anzulegen und das Boot an einem Pflock oder Ring des regulierten Ufers festzumachen.

Unsere Besorgnis war überflüssig gewesen: Kein Schiffsverkehr und keine behördliche Auflage störten unsere Landung. Auch ein Haltering fand sich in der Nähe. Wir zogen das Boot halb auf die Böschung, hängten es kurz und straff an und trugen alle beweglichen Gegenstände zu einem ärmlich aussehenden Wohnhaus in der Nähe. Ein freundlicher Großpapa ließ uns die Dinge in seinem Holzschuppen abstellen.

Wir schulterten unsere Rucksäcke und wanderten ins Petrinum. Dort konnten wir gratis nächtigen. In dem Ferienschlafraum trafen wir einen Schulkollegen aus unserer Parallelklasse namens Braun. Dieser vernahm mit Begeisterung von unserem abenteuerlichen Unternehmen und bat uns, er würde am nächsten Tag gerne mitfahren, bis Grein im Strudengau. Dafür würde er uns in dieser Stadt ein Nachtquartier besorgen. Natürlich waren wir gerne einverstanden.

Am nächsten Tag – es war wieder ein strahlender Morgen – hatten wir es mit der Weiterfahrt nicht eilig. Die Flußstrecke, die wir heute zu bewältigen hatten, war nicht allzu groß. So genossen wir es, später aufzustehen und vor allem unser Kollegium Petrinum einmal ohne Schulzwang und Internatsdrill zu erleben. Wir trieben uns in Räumen und an Plätzen herum, wo wir während der Schulmonate nichts zu suchen hatten. Die strenge Krankenschwester Matthäa behandelte uns wie vornehme Touristen.

Erst im Laufe des Vormittags suchten wir, bestens gelaunt, unser Boot auf. Es war alles in Ordnung. Nur lag unser Landeplatz zu nahe an der Brücke. Damals war nämlich gerade die neue Linzer Donaubrücke gebaut worden, die Nibelungen-Brücke. Das ganze gewaltige Bauwerk war, wenn es auch für den Fußgängerverkehr bereits freigegeben war, noch über und über mit Baugerüsten versehen, deren Stämme unter Wasser verankert waren. Jedenfalls waren alle Durchlässe zwischen den

Brückenpfeilern kreuz und quer mit Trägern, Balken, Streben und Stangen verschlagen, bis zum Wasser hinunter. Nur der mittlere Jochbogen war frei. Er befand sich genau in der Flußmitte und war als einzige Passage für alle Donauschiffe und Schleppzüge vorgesehen.

Um bei dem kräftigen Abtrieb, dem ein kleines Holzboot auf einem Fließgewässer ausgesetzt ist, noch vor dem Brückendurchlaß die Strommitte zu erreichen, mußten wir unsere Zille mehrere hundert Meter stromaufwärts ziehen. Endlich schien uns die Strecke zu reichen.

Wir stiegen ein und legten ab. Sofort begannen wir mit beiden Rudern kräftig zu arbeiten, hatten wirklich, nur noch etwa zweihundert Meter von der Brücke entfernt, die genaue Strommitte gewonnen und ließen uns auf die Durchfahrt zutreiben. Da dröhnte uns ein mehrmaliger warnender Signalton in die Ohren, und ein großer Dampfer mit angehängten Schleppkähnen schob sich in die einzige Brückenöffnung.

Uns blieb beinahe das Herz stehen. Dann aber wendeten wir hastig unsere Zille mit dem Bug stromaufwärts und begannen wie wild zu rudern. Der Dampfer tutete noch mehrmals, sodaß viele Passanten auf der Brücke aufmerksam wurden, stehenblieben und das hektische Manöver da drunten beobachteten. Wir haben unser Bestes geleistet und niemand hätte es in dieser Lage anders machen können. Aber infolge unserer übergroßen Hast und Anstrengung mag manches nicht sehr gekonnt ausgesehen haben. Dazu kam, daß unser blinder Passagier Braun in der Gefahr nicht untätig sein wollte, unser löcheriges Schöpfgefäß ergriff und mit diesem zu rudern versuchte. Dabei rutschte er immer wieder mit dem Häfen aus dem Wasser und knallte einem von uns einen scharfen Guß Donauwasser ins Gesicht. Das sah nicht sehr fachmännisch aus.

Wir waren mittlerweile aus der Bahn des Schiffsriesen gekommen, aber es bestand keine Hoffnung mehr, vor der Brücke das Ufer zu erreichen. Es war nichts mehr zu machen, wir trieben mit der Breitseite auf das Gestänge und Gewirr des Baugerüstes zu. Das Boot blieb, quergestellt wie es war, an den Gerüststangen hängen. Der Aufprall war sanft, es zerschellte nicht, und wir klammerten uns, im Boot stehend, an die Pfosten und Bretter.

Uns blieb wenig Zeit zu überlegen, was wir jetzt tun könnten. Denn schon hielt ein Motorboot der Strompolizei neben uns, und einer der Beamten stieg zu uns in die Zille. Wer wir denn seien und was wir denn wollten, und was wir denn auf dem Wasser zu suchen hätten, wenn wir nicht fahren könnten? Das war eine Beleidigung. Und wo wir denn herkämen und wohin wir denn fahren wollten? – „Nach Wien!" antworteten wir. Obwohl er dazu nur mitleidig lächeln konnte, hörte er sich doch unseren weiteren Bericht an. Wir seien schon zwei volle Tage auf dem Wasser und könnten sehr wohl mit unserer Zille umgehen. Die Begegnung mit diesem Schleppzug sei ein unvorhersehbares Pech gewesen, und wir hätten sie eigentlich gut gemeistert.

Ich glaube, wir imponierten unserem Polizisten. Er riet uns zwar von einer Weiterfahrt dringend ab. Vor nicht allzu langer Zeit sei im Greiner Strudel sogar ein Motorboot der Strompolizei gekentert. Schließlich war er uns aber selbst bei der Weiterfahrt behilflich. Er übernahm meine zwei Gefährten und ließ sie an Land bringen. In der Badehose, wie sie gerade waren, überquerten sie die Urfahrer Hauptstraße am Brückenkopf und warteten unterhalb der Brücke auf unser Boot und mich. Mich lotste nämlich unser „Freund und Helfer" zwischen den Streben des Brückengerüstes durch, und gemeinsam brachten wir die Zille ans Ufer.

Damit hatten wir das aufregendste Abenteuer unserer Fahrt überstanden. Es war nicht ganz ungefährlich gewesen, vermochte uns aber nicht von der Weiterfahrt abzuschrecken.

Es war schon gegen Mittag, als wir wieder einstiegen und uns mitten durch Linz den Strom hinabtreiben ließen.

Wir fuhren an dem Tag tatsächlich bis zur Stadt Grein, die schon fast an der niederösterreichischen Grenze liegt. Ich habe aber nicht vor, unsere weitere Fahrt in den Einzelheiten zu schildern. Sonst wird meine Erzählung genau so eintönig wie eben unsere weitere Wasserreise. Freilich freuten wir uns, die Orte und Landschaften zu sehen, die wir von der Schule her und aus Büchern kannten: Den Strudengau, die Wachau, das Stift Melk und vieles andere. Aber der Reiz des Abenteuers der

Bootsfahrt flachte immer mehr ab. Romantische Empfindungen können unter Umständen schnell vergehen, ein akuter Sonnenbrand ist etwas sehr Bleibendes.

In der Stadt Grein brachte uns Freund Braun in den Pfarrhof, wo wir gratis nächtigen konnten. Am nächsten Tag erwartete uns dann wieder ein Abenteuer, auf das wir uns halb fürchteten, halb freuten: der berüchtigte „Greiner Strudel". Er gereichte uns aber nur zur Enttäuschung. Ich glaube, es gibt ihn heute nur noch in Schauermärchen und veralteten Geographiebüchern. Wir haben ihn jedenfalls gar nicht gefunden! Nirgends zeigten sich heimtückische Klippen und schäumend schlürfende Wasserwirbel. Wir hatten die angebliche Stromschnelle längst passiert, als wir Wanderern auf der Uferstraße fragend zuriefen, wo denn der Greiner Strudel sei. Sie deuteten donauaufwärts, dorthin, wo wir längst vorbei waren. Wahrscheinlich hat man den gefährlichen Felsen mit Dynamit längst den Garaus gemacht.

Wir fuhren an diesem Tage, vorbei an dem gewaltigen Barockstift Melk, an der Ruine Aggstein, an den malerischen Weinorten der Wachau, bis Dürnstein. Dort legten wir wieder an und suchten uns ein billiges Nachtquartier außerhalb der Stadt. Wir fühlten uns abgespannt und vor allem von der Sonne halb geröstet. Wir beschlossen daher, am folgenden Tag in Dürnstein zu bleiben und erst übermorgen weiterzufahren. Diesmal bis Wien.

Wir kletterten an unserem freien Tag zur Ruine Dürnstein hinauf und erinnerten uns der Sage von Richard Löwenherz und dem Sänger Blondel.

Am fünften Tag unserer Reise fuhren wir an der alten Stadt Krems vorbei und weiter in der ruhigen Strömung, mit der die Donau das Tullner Becken durchfließt, Wien entgegen. Die Weltstadt machte uns Bauernbuben Sorgen. Wie kompliziert würde da wohl alles sein! Und wo könnte man einen Landeplatz finden? Und wo sollten wir nächtigen? Unser größter Hunger nach Abenteuern war gestillt. Wir beschlossen, doch nicht ins Schwarze Meer zu fahren, sondern unsere Wasserreise mit dem heutigen Tag überhaupt zu beenden. Aber wo und wie? Und was sollte mit unserem Boot geschehen?

Schon nahe vor Wien, aber noch in ländlicher Gegend, wollten wir haltmachen und einmal gründlich überlegen. Unterhalb Zeiselmauer bot sich plötzlich die Gelegenheit, in einen Nebenarm der Donau hineinzubiegen, an dem Bauernhäuser lagen. Auf einer Ufersandbank legten wir an. An der Stelle trieben sich mehrere Buben auf dem Schotter herum. Einer von ihnen holte immer wieder pralle, dunkelrote Kirschen aus seinem Hosensack hervor und verspeiste sie. An den machten wir uns heran. „Hast du noch viele solche Kirschen?" – „Ja, daheim! Zwei Bäume voll!" – „Verkaufst du welche?" – „Darf ich nicht! Aber was krieg ich dafür?" – „Dieses schöne Boot da, das kannst du haben, wenn du uns genug Kirschen bringst!" –„Ernst?" fragte er noch zweifelnd. Und schon flitzte er auf seinen nackten Beinen davon. Anstatt eines Sackes voller Kirschen erschien aber dann ein älterer Mann und ging auf uns zu. „Ist das die Zille?" fragte er. Dabei nahm er unser Boot am Schnabel und schaukelte es hin und her. Es schlenkerte und bog sich wie eine Gummiwurst. „Nein", sagte er, „diese Zille brauch ich nicht. Sie taugt nicht einmal für den Ofen!"

Immerhin kamen wir ins Gespräch, und wir erzählten ihm von unserer abenteuerlichen Schiffahrt, und daß wir morgen mit der Eisenbahn heimfahren wollten und für heute noch kein Nachtquartier hätten. Kurz und gut: der Mann war ein umgänglicher Mensch, ein Kleinlandwirt und Fischer, und bot uns seinen Heuboden zur Nächtigung an. Damit waren wir freilich sehr zufrieden.

Abends verzehrten wir unseren letzten Reiseproviant und dazu Kirschen, soviel wir wollten. Und schliefen wie die Murmeltiere.

Am Morgen nahmen wir mit Rührung von unserer Rosinante Abschied, dem edlen Roß des Ritters von der traurigen Gestalt. Unsere Zille war wirklich ein armseliger Klepper gewesen, aber sie hatte uns einen Jugendtraum verwirklicht. Sogar ihr Halfter und ihre Trense haben wir noch verkauft: die Hundekette und das Vorhängschloß. Die gaben wir unserem Wirt für Herberge und Zehrung.

Für das Roß selber, für unser braves Schiff, konnten wir nichts mehr tun. Wir haben es einfach verlassen. Das nächste kleine Hochwasser hat es wohl von seiner Sandbank abgehoben und mitgenommen. Vielleicht bis ins Schwarze Meer. Dort ruht es in seinem Seemannsgrab. Nur in unserer Erinnerung lebt es weiter ...

Der Klassenkamerad

Während meiner Schülerzeit – es war im vorletzten Jahrgang des Gymnasiums und ich stand im achtzehnten Lebensjahr – hatte ich mit einem Klassenkameraden eine Ferienfahrt vereinbart. Wir wollten mit dem Fahrrad eine längere Tour durch mehrere österreichische Bundesländer unternehmen.

In der dritten Augustwoche des damaligen Sommers war es endlich so weit, daß die allerwichtigsten Erntearbeiten auf dem Hof meiner Eltern, bei denen ich immer mithelfen mußte, vorbei waren und ich ohne allzu schlechtes Gewissen auf eine ausgiebigere Urlaubsfahrt gehen konnte.

Mein Reisegefährte namens Franz Geyer war ein Klassenkamerad von mir, nicht unbedingt mein bester Freund, wohl aber ein überaus vertrauter Gefährte. Mußten wir doch im Internats- und Schulbetrieb wegen der Gleichheit unserer Initialen der Familiennamen ständig in enger Nachbarschaft leben und wirken: Der Geyer Franz und der Glechner Gottfried hatten laut Alphabet ihre festgelegten Sitzplätze im Studiensaal, im Speisesaal und in der Anstaltskirche immer nebeneinander. Auch im Schlafsaal stand sein Bett neben meinem. Ja sogar bei den oftmaligen Ortswechseln innerhalb des weitläufigen Gebäudes, etwa in den Speisesaal oder in die Kapelle, mußten wir alle Gänge klassenweise und sozusagen in enger Tuchfühlung zurücklegen. Der Geyer – im Internat war es üblich, sich mit dem Familiennamen anzureden! – war mir also, wenn schon nicht individuell und besonders intim befreundet, so doch überaus vertraut, ja geradezu familiär.

Mein Kamerad Franz Geyer erschien also am vereinbarten Ferientag auf seinem Fahrrad in meinem Elternhaus und blieb noch eine Nacht bei uns. Dann konnten wir unsere Fahrt antreten. Ich habe hier nicht vor, den Verlauf dieser Radtour, die uns durch Oberösterreich, die Steiermark, Kärnten, Osttirol und Salzburg führte, im einzelnen zu berichten. Es war meine erste größere selbständige Reise. Schon deshalb ist sie in meiner Erinnerung frisch geblieben. Unauslöschlich haftet sie aber in meinem Gedächtnis vor allem wegen ihres traurigen, tragischen Endes.

Unsere Fahrt begann gleich am Anfang mit einem leisen Mißton. Als wir nämlich vor dem Hoftor meines Elternhauses unsere Räder zurüsteten und beluden, mußte ich feststellen, daß der liebe Franz nur ein ganz mickriges Bündel als Reisegepäck in seinen Gepäcksträger gezwickt hatte, während der hintere Teil meines Rades hin und her schlingerte unter der Last meines vollgepackten Rucksackes. Nicht die warme Strickweste und das zusätzliche Paar Wollsocken, die mir meine Mutter mitgegeben hatte, verursachten das stattliche Gewicht, sondern die vollen Butter- und Schmalzdosen, der Stumpen Dauerwurst, der Laib Brot, das schwarze Specktrumm, der schöne Gugelhupf und der gebackene Hahn. Wer eben nicht viel im Geldbeutel hat, der braucht einen schweren Rucksack.

Schon als wir auf der Fahrt nach Linz auf einem Wiesenfleck am Straßenrand unser erstes Picknick machten, stellte ich fest, daß in meinem Rucksack auch noch ein schwerer Stein lag: der Stein des Anstoßes! Was ich nämlich als erstes essen durfte, oder wegen der geringeren Haltbarkeit sogar essen mußte, war der panierte Hahn. Dieser Umstand kam auch meinen Wünschen sehr entgegen: ich liebe Hühner in dieser Form. Zugleich, als ich eine der goldgelb gebackenen Hühnerkeulen aus meiner Aluminium-Blechdose holte, wickelte mein Gefährte ein spärlich belegtes Wurstbrot aus einem zerknitterten Butterpapier. Was blieb mir anderes übrig, als auch ihm eines meiner knusperigen Hühnerstücke anzubieten. Mit allzu großer Selbstverständlichkeit, wie mir schien, nahm er es entgegen und verspeiste es, ohne es besonders zu würdigen und ohne besondere Dankbarkeit. Das ging ja noch einigermaßen an unter Kameraden, wenn es mehr oder minder eine einmalige Leistung blieb. Aber mein Freund setzte diese Praktik bei unseren weiteren Imbissen und Jausen recht unbekümmert fort.

Ich bin ja von daheim aus zur Nächstenliebe – mit Maßen! – und vom katholischen Internat her – theoretisch! – zur Wohltätigkeit erzogen worden. Aber ich neige auch, als Kind besitzender Eltern, recht stark zur Gerechtigkeit und Billigkeit, nach der jeder in erster Linie für sein eigenes Fortkommen zu sorgen hat. Und ich bedachte sehr wohl, daß der Neid und der Geiz häßliche Laster sind. Ich konnte trotzdem nicht verhindern, daß ich nur mit heimlichem Grimm meine Leckerbissen zwischen seinen Zähnen verschwinden sah. Wie dem gebackenen Hahn erging es nämlich an den folgenden Tagen meiner guten Butter, der schmackhaften Dauerwurst, meinem Laib Brot, dem würzigen Geselchten und dem süßen Guglhupf. Immer mehr schien mir das schon eine sehr einseitige Kameradschaft zu sein, aber ich bin ein nachgiebiger und vielleicht feiger Mensch und erduldete alles, wenn auch mit Zähneknirschen.

Wir hatten uns im Internat immer ziemlich gut vertragen. Trotz ständiger räumlicher Nachbarschaft hatte dort jeder sein eigenes Reich und Arbeitspensum – wir waren ungefähr gleich gute Schüler und in keiner Weise voneinander abhängig. Dazu lief der Anstaltsbetrieb wie eine gut geölte Maschine, die die meisten Probleme ausschließt und wenig Platz für eigene Entscheidungen läßt. Nun aber, da es im Laufe der Fahrt doch manches zu beraten, zu überlegen und zu entscheiden galt, stellte ich mit Mißvergnügen fest, daß mein Freund ein unnachgiebiger Querkopf sein konnte, der justament anders wollte als ich. In Graz zum Beispiel stellten wir unsere Fahrräder nicht an dem Platz ab, den ich vorgeschlagen hatte – ich gebe zu: mehr oder minder zufällig! –, sondern an jenem, den er – aus purem Eigensinn, wie mir schien – sich einbildete. Ich gab nach. Bei unserem Besichtigungsgang quer durch die Stadt passierte es immer wieder, daß ein quadratisches oder rechteckiges Häuserviertel zu umgehen war. Dabei ist es, mathematisch gesehen, ganz gleich, ob man zuerst geradeaus geht und dann rechtwinkelig abbiegt, oder man biegt zuerst ab und geht hernach geradeaus. Die kürzeste Verbindung, die Diagonale, würde ja quer über die Dächer führen. Sooft ich nun geradeaus ging, bog er ab; bog ich ab, ging er geradeaus. Ich gab jedesmal nach, damit wir uns in der fremden Stadt nicht aus den Augen verlieren. Aber mein heimlicher Zorn schwoll immer mehr an.

Dazu kam, daß uns die Strapazen der Reise zusehends unlustiger und manchmal recht gereizt machten. Sonnenbrand, Durst und Hunger drückten auf unsere Stimmung. Seit zwei Tagen bestand unsere Verpflegung nur noch aus Selchfleisch mit Brot und Wasser, und wir blickten voll Verlangen auf die unreifen Äpfel, die aus den Bauerngärten auf die Straße herausleuchteten. Auch die ewigen Nächtigungen in den Heustadeln erschienen uns immer weniger romantisch.

In nicht sehr guter Laune gelangten wir endlich, wie gerade erzählt, nach Graz, in die Hauptstadt der Steiermark. Dort wartete laut Vereinbarung mit meiner Mutter ein postlagerndes Paket auf mich. Voller Erwartung radelten wir zum Hauptpostamt. Und wirklich, das Paket war gestern eingetroffen. Nun hatte die Not wieder einmal ein Ende. Das Paket enthielt zwar keinen gebackenen Hahn, sonst aber wieder dieselben guten Sachen: Butter, Brot, Geselchtes und einen Weinbeerkuchen.

Mit neuem Reiseporviant versehen und mit neuem Mut gewappnet bestiegen wir unsere Stahlrösser und sagten Graz ade. Unser Reiseplan führte uns in Richtung Kärnten.

Mein Kamerad Franz Geyer war ein ausdauernder Radler. Eigentlich fuhr er mir immer eine Spur zu schnell, aber ich konnte mich, freilich mit etwas erhöhter Anstrengung, seinem Tempo anpassen. Schließlich hatte ich ja auch den Reiseproviant zu schleppen, was besonders auf leicht ansteigenden Straßen oder gar bei Bergstrecken nicht ganz unerheblich war. Trotzdem konnte ich mich nicht dazu überwinden, ihm wenigstens einen gewissen Teil meiner Vorräte anzuvertrauen. Er sollte sich bewußt bleiben, daß er fast ausschließlich von mir lebte. Er war – immer deutlicher formte sich dieses Wort in meinem Kopf – er war ein Schmarotzer.

Unser freundschaftliches Verhältnis trübte sich durch die geschilderten Umstände immer mehr. Eigentlich hatten wir uns ziemlich auseinandergelebt, ja manchmal hatte jeder von uns einen heimlichen Groll auf den anderen. Daß er ständig und wie selbstverständlich von meinen Vorräten zehrte, damit hatte ich ja vor Antritt der Fahrt nicht rechnen müssen. Alles, was er mit der größten Selbstverständlichkeit nahm, ging ja mir ab und mußte von meinem spärlichen Geld erstanden werden. Ich war zu rücksichtsvoll oder zu feig, ein offenes Wort zu sprechen, aber meine durch die Umstände erzwungene Großzügigkeit und Freigebigkeit wurmten mich ständig. So etwas ging doch weit über die übliche Kameradschaft hinaus. Ich leistete meinen Tribut mit heimlicher Mißgunst.

Dazu kam es langsam ans Tageslicht, daß manche unserer beiderseitigen Eigenschaften oder Charakterzüge nicht gut zueinander paßten. Ich bin ein Mensch, der eher ein paar Worte zuviel als zu wenig redet. So sagte ich oft auch selbstverständliche Dinge aufs neue, auch wenn wir dieselbe Beobachtung schon gestern besprochen hatten. So wunderte ich mich immer wieder über die vielen Heuhütten im Murtal, über die schönen Wegmarterl in Kärnten und pries an einem sonnigen Vormittag zum zehnten Mal den blauen Himmel und die herrliche Bergwelt. Mein Freund reagierte darauf stets einsilbig oder überhaupt nicht. Oder mit der Feststellung, das sei bereits gesagt worden. Er neigte dazu, alles zu bagatellisieren, und schien seine Freude daran zu haben, romantische Illusionen zu zerstören.

Ich bin, so glaube ich, ein optimistischer Mensch und verfüge über eine gleichmäßige und ausgeglichene Gemütslage. Mein Freund jedoch war oft, besonders an Vormittagen, schlecht aufgelegt, ohne aber einen Grund dafür angeben zu können. Das ist für mich bis heute eine Eigenschaft, die ich schlecht an Mitmenschen ertrage. Auch eine gewisse Hektik, die ihn ständig zur Eile antrieb, ist meinem Wesen fremd. Schon in der Frühe, bei unserem allmorgendlichen Aufbruch zur Weiterfahrt, drängte er ungeduldig zur Pünktlichkeit, während ich mehr gemächlich meine Vorbereitungen treffen wollte. Ebenso ging es bei der Besichtigung von Sehenswürdigkeiten, die ich immer viel länger betrachten wollte als er. Sogar beim Essen war er meistens schon fertig, während ich noch an meinem Bissen herumkaute. Ich bin ein langsamer Esser.

An derlei lächerlichen Kleinigkeiten ging also unsere Kameradschaft langsam zugrunde. Schließlich ärgerte ich mich, in diesem Fall sicher zu Unrecht, sogar über Eigenheiten seines Dialekts und seiner Sprechweise. Es war nicht mehr zu überspielen: Wir gingen einander auf die Nerven und mochten uns nicht mehr.

Mein Kamerad war eine Spur größer als ich, wohlgenährt und gut gebaut, und, obwohl er in unserer Klasse als unsportlich galt, geschickt und kräftig. Vor allem verfügte er über eine große Ausdauer. Ich jedoch war ein gewandter Sportler, anerkannt in unserer Klasse als ausgezeichneter Handballer, Sprinter und Hochspringer. In jeweils kurzen körperlichen Einsätzen gelangen mir Bestleistungen; wenn es jedoch galt, angestrengte Ausdauer zu beweisen, etwa bei Langläufen oder als Bergsteiger, schnitt ich nicht besonders gut ab. Immerhin, ich war ein passionierter Sportsmann. Nun grimmte es mich, daß ich, der anerkannte Sportler, ständig eine gewisse Mühe hatte, auf dem Rad mit meinem unsportlichen Kameraden Schritt zu halten. Sollten vielleicht die Maßstäbe des Gymnasiums hier nicht mehr gelten und die in allen Köpfen unserer Klasse festgeschriebene Hierachie der sportlichen Asse gar nicht stimmten und ich sogar hinter dem Franz Geyer eingereiht werden, der noch nie an einer Schulmeisterschaft teilgenommen hatte, sondern sich in den Freistunden des Internats nur als braver Spaziergänger betätigte? Mit heimlicher Anstrengung und zusätzlichem Schweiß suchte ich mich auf der gebührenden Höhe der Werteskala zu halten.

Aber auch meine ständige Selbstüberwindung fand eines Tages ihre Grenze. Besonders ärgerte und beleidigte mich eine der Gewohnheiten oder Unarten meines Kameraden: Immer wenn wir auf einer Bergstrecke absteigen und unsere Räder schieben mußten – damals gab es noch keine Gangräder –, marschierte er ganz unbekümmert drauflos, ohne sich um mein Tempo zu kümmern, deutlich zu schnell für meine gewohnte Gangart. Anfangs hatte ich mich immer gezwungen, mich seinem Schritt anzupassen, mit heimlichem Grimm. Wußte denn dieser Geyer nichts von der alten Weisheit, daß eine Kette nur so stark ist wie ihr schwächstes Glied? Der Satz stimmte doch, auch wenn mich das Wort „schwächste" ärgerte. Sollte etwa unter uns beiden ich das schwächere Glied sein? Und war es nicht ein heiliges Gebot aller Bergwanderer und Fahrtkameraden, daß der Langsamere das Tempo bestimmt?

Aus Trotz ging ich also in Zukunft meinen gewohnten Gang weiter, vielleicht sogar eine Spur langsamer, als ich gekonnt hätte.

Wieder einmal kamen wir an den Fußpunkt einer langen Paßstraße, die sich in vielen Serpentinen auf der einen Seite des Tales hinaufwand. Aus der Landkarte ersahen wir, daß wir wohl eine gute Stunde oder länger unsere Räder schieben mußten. Wie immer schlug mein Gefährte sein gewohntes Tempo an. Ich bemühte mich nur mäßig, mit ihm Schritt zu halten. Und da er keine Anstalten machte, dort und da ein paar Sekunden auf mich zu warten, blieb ich immer weiter zurück. Zusehends mehr mit einer listigen und, wie mir schien, erzieherischen Absicht. Ich hatte vor, ihm heute eine Lektion zu erteilen. Nach einer halben Stunde war es so weit, daß wir einander nicht mehr sehen konnten. Er hatte gerade eine Haarnadelkurve der Bergstraße genommen und war für mich nicht mehr sichtbar. Ich wußte aber, daß er bald wieder auftauchen müßte. Und wirklich, da war er! Er befand sich genau über mir, nur etwa hundert Meter Luftlinie entfernt, lediglich eine Kehre höher als ich. Und doch lag zwischen uns eine Wegstrecke von gewiß mehr als einem Kilometer mühsamer Bergstraße.

Gerade an der Stelle, wo wir uns am nächsten waren und er mich nicht übersehen konnte, lehnte ich mein Fahrrad gemächlich an die seitliche Felswand, holte schön langsam, aber recht auffällig, meinen Rucksack vom Gepäckträger und setzte mich gemütlich an den sonnigen Straßenrand. Ohne Hast öffnete ich die große Aluminiumdose und ließ sie in der Sonne glänzen. Dann richtete ich mir umständlich ein appetitliches Jausenbrot und begann zu schmausen. Dabei vermied ich es, zu meinem Gefährten hinaufzuschauen, sondern blickte wie unbeteiligt in aller Ruhe auf das weite Bergpanorama zu meinen Füßen. Es hätte mich nicht gewundert, wenn er plötzlich auf seinem Rad vor mir erschienen wäre. Aber er beherrschte sich offenbar.

Bevor ich am Ende der Jause meine Habseligkeiten wieder zusammenpackte, warf ich einen kurzen Blick zur nächsten Kehre hinauf. Da saß der Geyer ebenfalls in der Sonne und schien etwas zu essen. Ich wußte aber, daß er nur noch einen Keil trockenes Brot besaß.

Ich befestigte meinen Schnappsack wieder am Gepäckträger und begann mein Rad bergauf zu schieben. Als ich an die Stelle kam, wo mein Kamerad saß, faßte er, ohne daß ein Wort gewechselt worden wäre, ebenfalls sein Vehikel und schob es wie gewöhnlich vor mir her. Ganz offensichtlich war er bemüht, sich meinem Tempo anzupassen. Obwohl wir also jetzt unsere Räder in kürzestem Abstand hintereinander dahinschoben, kam keine Unterhaltung in Gang. Es gab weder einen Vorwurf von irgendeiner Seite noch ein Wort des Einlenkens und der Versöhnung. Schweigend schoben wir unsere Räder bergan. Ich bestätigte mir in grüblerischen Überlegungen immer wieder die Berechtigung meines Verhaltens, und viele der Unstimmigkeiten zwischen uns, die es an den vergangenen Tagen gegeben hatte, wurden mir jetzt erst ausdrücklich bewußt. Ich war im Recht, das erschien mir absolut sicher. Aus dem Gesicht und dem Benehmen des Geyer glaubte ich ablesen zu können, daß er ebenfalls mit sich zu Rate ging und Probleme wälzte. Aber auch er überwand sich zu keinem Zeichen der Versöhnung. Das offene Zerwürfnis, dem wir bisher in Wort und Tat ausgewichen waren, hatte sich in unseren Gedanken endgültig vollzogen. Ich war nicht mehr bereit, ständig nachzugeben und mich immer nach ihm zu richten.

Wenn ich freilich geahnt hätte, welche schrecklichen Folgen meine mangelnde Bereitschaft zur Versöhnung und meine endlich gezeigte harte Entschlossenheit, mögen sie auch noch so verständlich erscheinen, schließlich nach sich ziehen würden, dann hätte ich freilich ... Ja wenn! Späte Überlegungen machen nichts mehr gut.

Trotz des nunmehr offenen Bruches unserer Freundschaft und Kameradschaft hielten wir äußerlich unsere Reisegemeinschaft aufrecht.

Der nächste Tag sollte den Höhepunkt unserer Fahrt bringen, die Überquerung des Glockner-Massivs zwischen den Bundesländern Kärnten und Salzburg. Erst im Vorjahr war die Großglockner-Hochalpenstraße fertiggebaut und eröffnet worden. Seitdem war es der Stolz aller Autofahrer und Radtouristen, den „Glockner" zu bezwingen und die begehrte Plakette auf das Fahrzeug geklebt zu bekommen.

Gegen Abend erreichten wir das berühmte Bergdorf Heiligenblut. Wir nächtigten wie immer in einem Heustadel außerhalb des Ortes. In aller Herrgottsfrühe zogen wir dann am nächsten Tag los. Der Morgen war kühl und klar, und im Anblick des malerischen Dorfes und der majestätischen Berge entschlüpfte uns sogar manchmal ein gut gelauntes Wort, das an den Kameraden gerichtet war. Sollten wir uns etwa wieder versöhnen? Ich war innerlich dazu bereit, konnte mich allerdings auch nicht dazu überwinden, als erster ein deutliches Zeichen meines guten Willens zu geben.

Kurz oberhalb Heiligenblut, bereits auf der neu erbauten Hochalpenstraße, hielten uns zwei Gendarmerieposten auf und kontrollierten unsere Fahrräder. Das Rad meines Kameraden fand Gnade vor ihren Augen. Mein altes Vehikel jedoch, eigentlich das Fahrrad meines Vaters, seit vielen Jahren auf den holperigen Feldwegen und Bauernstraßen meiner ländlichen Heimat halb zu Tode geschunden, erregte das Mitleid der Gendarmen. Daß die Klingel nur ganz jämmerlich schnarrte, mochte noch angehen, weil die laut scheppernden Kotflügel und anderes Blechwerk alle Verkehrsteilnehmer rechtzeitig warnten. Aber der weit ausscherende Achter am Hinterrad erregte ihr Mißtrauen. Noch meinte ich, sie würden alle Augen zudrücken, doch der Zustand der Bremsen machte meine Hoffnung zunichte. Die Freilaufbremse war in Ordnung, auch wenn ihre Betätigung einen lauten Sirenenton zur Folge hatte. Aber die Handbremse am Vorderrad! Die Gummieinlage fehlte, und das Gestänge war so verbogen, daß es auch mit aller Kraftanstrengung nicht zu bewegen war. „Die benütze ich ja nie!" stotterte ich. Aber die Ordnungshüter belehrten mich, daß für die Überquerung des Glockners, ja eigentlich für jede Radfahrt, zwei intakte Bremssysteme absolute Vorschrift seien. „Was soll das heißen" fragte ich kleinlaut. Ja, daß ich eben die Glocknerstraße nicht befahren könne, meinten sie, bevor alle Mängel behoben seien.

Mein Freund stand wortlos daneben. Ich konnte seinem Gesicht weder Bedauern noch Genugtuung noch Schadenfreude anmerken. „Was soll ich da tun?" sagte ich. Er erwiderte kein Wort. Dafür wandte sich einer der Gendarmen ein letztes Mal an mich: „In Heiligenblut gibt es einen Fahrradmechaniker. Der macht das schon!"

Das folgende Gespräch ist das letzte, das ich mit meinem Kameraden geführt habe, mit meinem Klassenkameraden, der mir jahrelang ein guter Freund gewesen war, bis unsere Freundschaft durch die Kleinlichkeiten des Alltags auf die Probe gestellt wurde und zerbrach. Es tut mir für immer leid, daß unsere letzten Worte nicht freundschaftlich, sondern böse gewesen sind.

„Ich muß zum Mechaniker", sagte ich. – „Dann kommst du heute nicht mehr über den Glockner", erwiderte er mürrisch. „Was sollen wir den ganzen Tag in Heiligenblut tun?" – „Wir könnten uns die berühmte Kirche anschauen und zu einem der Bauernhäuser hinaufwandern", schlug ich vor. Er war mißmutig und machte mir mein desolates Fahrrad zum Vorwurf. „Mit so einem Rad macht man eben keine Reise!" schrie er zornig, und ich, ebenso laut und ebenso zornig, rief: „Und wer weder Geld noch Proviant hat, soll erst recht daheimbleiben!" –

„Tu von mir aus, was du willst!" sagte ich nach einiger Zeit. „Du siehst, daß ich dableiben muß!" – „Ich nicht!" entgegnete er gereizt. „Ich fahr allein! Mit dir kann man sich sowieso nicht vertragen! Außerdem ist für morgen schlechtes Wetter angesagt!"

Wirklich hatte sich schon jetzt die Sonne verzogen, der Glockner hatte eine schwarze Haube auf, und ein eiskalter Luftzug biß uns in die nackten Hände. Nicht weit oberhalb von uns lag sogar ein wenig Schnee.

Unschlüssig standen wir da. Eigentlich ist schade um unsere Freundschaft, dachte ich. Dabei betrachtete ich seine rotgefrorenen Hände, die er abwechselnd in seinen Hosentaschen wärmte. Ich bot ihm ein letztes Zeichen der Versöhnung. „Du", sagte ich, „ich habe ein zweites Paar Wollsocken in meinem Rucksack. Die könntest du über deine Hände stülpen, wie Fäustlinge. Im Internat gibst du sie mir dann wieder zurück!"

Diesen letzten Liebesdienst nahm er an, wobei er allerdings nach der Anprobe bemerkte, die Wolle sei rutschig und man habe die Griffe der Lenkstange nicht mehr so sicher in der Hand. So war auch sein letztes Wort eine undankbare, kritische Bemerkung.

„Dann leb wohl!" sagte ich. „Ich wünsche dir Hals- und Beinbruch!"

Mein letztes Wort an ihn. Eine böse und dumme Redensart! Ich kann sie seitdem nicht mehr hören.

Sie wurde Wirklichkeit! Mein Freund und Klassenkamerad Franz Geyer hat sich bei der nordseitigen Abfahrt der Großglockner-Hochalpenstraße zu Tode gestürzt. Er hat sich den Hals gebrochen.

Ich habe den Tag nie vergessen, und immer, sooft ich mich daran zurückerinnere, plagt mich der Gedanke, ob vielleicht mein dummer Wunsch und mein böses Geschenk, die glatten Wollsocken, schuld sein könnten an seinem Tod.

Vom Gehen – mit den Füßen

Der Mensch ist eigentlich ein schlechter Geher, ein mühsamer Fußgänger. Sein Konstruktionsplan, die Anordnung seines Knochengerüsts und die Ausrüstung seiner Muskulatur unterscheiden ihn deutlich von den prädestinierten Läufern. Was ist er doch in dieser Disziplin trotz eiserner Willenskraft und sportlichem Ehrgeiz für ein Stümper geblieben gegen die berufsmäßigen Renner unter unseren Mitgeschöpfen! Gegen den Wolf, der den menschlichen Marathonlauf in der halben Rekordzeit mühelos, sozusagen lächelnd, hinter sich bringt, und gegen die leichtbeinigen Gazellen, deren spielender Flucht der Mensch nur klumpfüßig nachstaunen kann!

Ja, der Mensch ist ein Vielzweckgerät, zu den verschiedensten Leistungen befähigt, zu keiner vollkommen. Wie so eine universale Haushaltsmaschine, mit der man Haselnüsse reiben, aber auch Dosen öffnen kann. Eigentlich taugt sie dann doch zu nichts. Der Mensch kann gehen, er kann laufen, er kann springen, er kann sich auf allen Vieren vorwärtsbewegen und er kann auf Bäume klettern.

Alles das kann er ein bißchen, der Mensch. In den letzten paarhunderttausend Jahren hat er wirklich auch das Gehen so halbwegs erlernt.

Diese Gedanken streichen mir durch den Kopf, wenn ich über die Gehleistungen meines eigenen Lebens nachdenke. Mein Gehwerk ist in Ordnung, auch wenn ich in meiner Rekrutenzeit den preußischen Parademarsch nie zur Zufriedenheit meines Unteroffiziers hingelegt habe. Solche Säbelbeine, wie ich sie habe, seien eigentlich wie geschaffen für den militärischen Stechschritt. So sagte er vor versammelter Mannschaft. Er hat meine Beine schwer beleidigt und verdankte es nur der militärischen Subordination, daß ihm mein rechtes Säbelbein nicht an sein preußisches Schienbein gefahren ist.

Mein Gehwerk ist in Ordnung! Ich habe nie an Gehmeisterschaften teilgenommen, trotzdem ist es recht ansehnlich, welche Strecken ich in meinem Leben schreitenderweise, per pedes Apostolorum, hinter mich gebracht habe. Nimm nur eine Landkarte zur Hand, lieber Leser! Nicht eine, auf der alle Kontinente zugleich drauf sind, ganz klein, sondern eine genaue, mit einem großen Maßstab, und schau dir die Strecke an, die zwischen St. Petersburg und Warschau klafft! St. Petersburg hieß damals Leningrad, und dieses lag, auch wenn sich der Name geändert hat, auf genau demselben Fleck wie heute St. Petersburg. So, und jetzt schau dir die Strecke an! Die bin ich zu Fuß gegangen! In schweren Lederstiefeln, mit dem Rucksack auf dem Buckel und dem Gewehr auf der Schulter. Ich hasse Zahlen und habe nie nachgerechnet, wie viele Kilometer das sind. Aber es war weit.

Ja ja, der Barras, der hat mir das Gehen beigebracht! So gut, daß ich ihm schließlich gehenderweise den Rücken gekehrt habe. Auf eigene Faust oder besser auf eigenen Füßen, unerlaubterweise! Unerlaubte Entfernung von der Truppe, das nennt man kurz Fahnenflucht! Ich habe dieses Sakrileg begangen, mit diesen meinen Säbelbeinen. Mein damaliger Mut ist nicht zu bewundern: Der Feind stand schon im Land, und es knackte allzu laut im Gefüge der Kommandanturen.

Ich lief davon, mit zwei Kameraden, auf unseren eigenen Füßen. Vom Truppenübungsplatz Straschitz in Böhmen. Dieser Ort liegt irgendwo zwischen Pilsen und Prag. Auf Feldwegen und Nebenstraßen und Feldrainen und Hohlwegen trugen uns unsere Beine in Richtung Heimat. Zwei Tage lang. Unsere Angst vor den eigenen Militärstreifen war groß, fast noch größer die vor tschechischen Bauern und Dorfbewohnern. Sie waren auf unsere deutschen Uniformen nicht gut zu sprechen. Bis wir dann, endlich in Bayern und unter deutschsprechenden Menschen, verhältnismäßig gefahrlos, teils zu Fuß, teils als Mitfahrer auf allerlei Fahrzeugen, unsere Heimreise vollenden konnten.

Ja, in der Not, da ist man froh um den eigenen Fortbewegungsapparat. Der springt immer an und läuft zuverlässig. Und wenn man ihm Zeit läßt, bringt er einen weit. Sehr weit. Bis ins Vaterhaus hat er mich damals gebracht.

Immer schon haben mich die Berge fasziniert, aber ein besonderer Bergsteiger bin ich nie gewesen. Höher als dreitausend

Meter haben mich meine Füße nie hinauftragen müssen. Lieber als Klettertouren habe ich längere Fußwanderungen im Gebirge unternommen. Ich war auf dem Dachstein, auf dem Hochkönig, auf dem Hochgolling und auf einigen Gipfeln der Salzkammergutberge. Aber immer verbunden mit langen Anmärschen durch Täler und auf Höhenzügen. Im Dachsteingebiet war ich sogar einmal eine volle Woche unterwegs.

Den Wanderrekord meines Lebens habe ich als Gymnasiast aufgestellt. Ich ging an einem einzigen Tag von Linz bis Lambrechten im Innviertel! Das sind etwa achtzig Kilometer! Die Sache hat sich folgendermaßen zugetragen:

Der Kaplan von Lambrechten fuhr mit den Burschen der katholischen Landjugend zu einem zweitägigen Reichsbundtreffen nach Linz, mit einem Omnibus. Da der Bus nicht ganz voll besetzt war, lud er mich und meinen Klassenkameraden Lois Großbötzl ein, mitzufahren. Gratis! Wir waren Schüler des bischöflichen Gymnasiums Petrinum in Linz, jetzt aber daheim in den Sommerferien. Gerne taten wir mit. In Linz trennten wir uns von den Landburschen und blieben im Petrinum, unserem Internat, über Nacht. Die Reichsbündler schliefen im Kolpinghaus. Für den nächsten Tag war die Heimreise angesetzt. Abfahrt um drei Uhr nachmittags vom Kolpinghaus weg.

Als wir zur vereinbarten Zeit, sogar schon eine Viertelstunde früher, eintrafen, wurde uns mitgeteilt, die letzte Veranstaltung des Reichsbundes sei vorverlegt worden und unser Autobus sei längst über alle Berge.

Wir wanderten zum Bahnhof, um mit dem Zug heimzufahren, und legten am Fahrkartenschalter unsere Bahnermäßigungsausweise vor, denen zufolge wir als Schüler nur das halbe Fahrgeld zu bezahlen hatten. Da erlebten wir eine arge Enttäuschung. Der Beamte machte uns auf einen Passus in unserer Legitimation aufmerksam. Da steht „zum Schulbesuch", sagte er. In den Ferien ist aber keine Schule!

Es war nichts zu machen. Wir hätten den vollen Fahrpreis zahlen müssen. „Da gehen wir ja lieber zu Fuß heim!" sagten wir, halb im Spaß und halb im Trotz, zu dem Beamten.

Bald aber siegte der Trotz. Dazu kam ein wenig Abenteuerlust. Wir machten Ernst! Wir haben ja Zeit, sagten wir uns. Und wenn wir drei Tage brauchen, macht auch nichts! Wir haben ja dort und da Klassenkameraden und Schulfreunde sitzen, bei denen wir nächtigen können! Genau an der Route, die wir zu nehmen gedachten und in recht günstigen Abständen voneinander! In Eferding den Brummer, in Peuerbach den Auinger und den Kronschläger, also gleich zwei, und in Altschwendt den Lindmayr.

Beruhigt und in unternehmungslustiger Stimmung suchten wir noch einmal das Petrinum auf und blieben dort über Nacht. Und pünktlich um sechs Uhr früh zogen wir los. Durch das erst erwachende Urfahr, über die Donaubrücke und stromaufwärts nach Wilhering.

Jeder trug nur eine kurze Hose, ein Ruderleibchen, Halbschuhe und eine leichte Umhängtasche. Es war eine Lust, an dem schönen Tag so unbeschwert dahinzuwandern.

Nach genau fünf Stunden erreichten wir Eferding, wo wir die erste Rast einlegten. Wir setzten uns in den Gastgarten eines Wirtshauses, bestellten ein Kracherl und verzehrten etwas Mitgebrachtes. Nach einer halben Stunde setzten wir unsere Wanderung fort. Der Schulkollege von Eferding war uns zu wenig sympathisch, und wir waren auch noch kaum müde.

In der sommerlichen Hitze der Mittagszeit und des frühen Nachmittags wanderten wir weiter, nach Waizenkirchen. An diesem Ort wäre uns ein Nachtquartier schon recht willkommen gewesen, wir hatten aber leider keinen Klassenkameraden hier sitzen. Also weiter bis Peuerbach! Dort gab es deren zwei.

Schon recht zermürbt schleppten wir gegen Abend unsere müden Knochen auf den Kirchenplatz dieses stattlichen Marktes, hockten uns auf irgend eine Sitzgelegenheit und begannen uns nach den Häusern unserer Schulkameraden zu erkundigen. Peuerbach ist eine der ausgedehntesten Pfarren Oberösterreichs und umfaßt drei Gemeinden. „Auinger?" fragte uns der erste Passant, an den wir uns wandten. Auinger? Ja, das Bauernhaus wisse er wohl. Es heißt „David zu Ennsfeld". Da studiert einer im Petrinum! – „Ja, der ist es!" sagten wir erleichtert. „Wie kommt man dahin?"

Und jetzt beschrieb uns der Mann den Weg. Der war sehr kompliziert, mit vielen Abzweigungen. Es sei auch ganz schön weit, sagte der Mann. Fast zwei Stunden, in Richtung Waizenkirchen!

Waizenkirchen? – Da kommen wir ja her! Nein, noch einmal zurück gehen wir nicht!

Wir erkundigten uns jetzt nach dem Kameraden Kronschläger. „Ja! Das Wirtshaus in Bubenberg! Ja ja, das stimmt! Da ist auch einer im Petrinum!"

„Und wie kommt man da hin?" – „Ja, das liegt halt weit auswärts! Hinauf zu! Gegen Natternbach hinüber!"

Bubenberg, das lag also wiederum weit weg, total aus unserer Marschrichtung. Enttäuscht verließen wir dieses Peuerbach in Richtung Altschwendt. Altschwendt, das war immerhin schon Innviertel! Und dort saß unser Freund Lindmayr, der uns mit offenen Armen aufnehmen würde.

Bevor wir dem ungastlichen Peuerbach vollends den Rücken kehrten, rasteten wir noch auf einer Wiese am Straßenrand und verzehrten unsere letzten Vorräte. Es war schon Abend, aber noch recht hell. Ich zog die Schuhe aus, weil mich einer aufgefrettet hatte, band sie an meine Umhängtasche und ging von jetzt an barfuß. Immerhin noch gute dreißig Kilometer.

In Altschwendt erlebten wir unsere nächste Enttäuschung. Als wir das Gemeindegebiet erreichten, war es schon dunkel. Irgendwo rechtzeitig erkundigten wir uns nach dem Bauernhaus Lindmayr. „Ist das der Hausname?" – „Nein", sagten wir, „wahrscheinlich der Familienname. Einer ist im Petrinum!" – Ja, dann weiß er es schon, sagte unser Gewährsmann und schickte uns wieder los, in die Dämmerung hinein. Als wir seiner Anweisung entsprechend weit genug gegangen waren, traten wir an das erleuchtete Stubenfenster eines Bauernhauses und klopften. Das Gesicht einer Bäuerin erschien.

„Lindmayr?" schrie sie, „wo einer im Petrinum studiert? – Da seids ihr nicht mehr weit weg! – Da, jetzt, hinter unserem Stadel abbiegen, das Straßl links hinunter, durch den Huberdobl – da ist's ein bißl dreckig! –, dann rechts hinauf, aber nicht zu weit, und wieder abbiegen, diesmal links, neben einem Kleefeld, und dann seids eh schon dort! Hoffentlich sind sie noch auf!"

Ja, knirschten wir heimlich, wir kennen uns schon aus: da, wo voriges Jahr die Erdäpfel gestanden sind! Es war ja finstere Nacht, nur der Mond beleuchtete die Landschaft ein wenig.

Die Bäuerin bot uns noch ein Krügl Most an, wenn wir Durst hätten, aber wir erbaten uns dafür jeder ein Haferl voll Milch.

Wir beschlossen, den Lindmayr nicht mehr aufzusuchen. Aber was sonst tun? Unsere Füße hatten offenbar das Kommando übernommen. Sie gingen einfach weiter. Richtung Heimat.

Als wir nach langer Zeit durch Zell an der Pram schlurften, schlug dort die Kirchturmuhr Mitternacht. Und irgendwann waren wir dann in Lambrechten, wo wir endlich Wege und Stege kannten. Es war mondhell. Einmal setzten wir uns erschöpft an den Straßenrand. Unsere Hände ertasteten Mostbirnen im Gras, und wir begannen sie durstig auszulutschen. Die Reste spuckten wir aus.

Dann schleppten wir uns den langen Hang hinauf, auf die Kromberger Höhe, von wo man bei Tag mein Elternhaus schon sehen kann. Nicht mehr weit. Dort lagen trockene Heuschöberl, schön in Reih und Glied. Nur mit Überwindung widerstanden wir der Versuchung, uns aus fünf, sechs Heuschöberln ein warmes Nest herzurichten und hier zu übernachten.

Als wir um drei Uhr früh mein Elternhaus erreichten, lagen natürlich alle Hausbewohner in tiefem Schlaf. Mein Weggefährte Lois, der um ein Jahr jünger war als ich, sank erschöpft auf die Bank vor der Haustür und schlief sofort ein. Ich warf so lange kleine Steinchen gegen die Fensterscheibe der Burschenkammer im ersten Stock, bis mein Bruder Georg erwachte und uns ins Haus ließ.

Wir wankten nur noch in die Speisekammer, wo die Rahmhäfen auf dem kühlen Steinpflaster standen. Jeder packte eins und trank und trank und trank.

Das war der längste Marsch, den ich je auf Schusters Rappen, zum Teil sogar auf meinen nackten Fußsohlen, auf jeden Fall aber mit meinen Füßen, geleistet habe. Immerhin so um die achtzig Kilometer in einem Durchgang! Fast wäre ich jetzt geneigt, meine Schmähungen gegen die Gehwerkzeuge des Menschen zurückzunehmen und etwa gar mit Rührung auf meine tüchtigen Haxen hinunterzuschauen. Aber das ist mir schon einmal schlecht bekommen. Bei einer Radtour, als ich in Kärnten auf einer leicht abschüssigen Straße so flott und mühelos dahinsauste, warf ich einen bewundernden Blick auf meine Knie hinunter, die unermüdlich auf und ab gingen. Nur einen ganz kurzen Blick und, wie gesagt, einen bewundernden: da krachte es schon, und ich flog in hohem Bogen in den Straßengraben. Ich hatte einen Randstein gestreift, und der hatte nicht nachgegeben.

Aber was kann da mein Gehwerk dafür? Dieses hat mich, ehrlich gesagt, selten enttäuscht. Schuld war auch diesmal der Kopf gewesen, der verdammte Kopf mit seinen ewigen Träumen! Er kann sie einfach nicht lassen.

Der Herr der Fliegen, Wanzen, Läuse

In einer berühmten Dichtung der deutschen Literatur erhält der Teufel unter anderem auch den Namen „Herr der Fliegen, Wanzen, Läuse". Es ist natürlich ein Titel, der ihm nicht zusteht. Auch die verschiedenen Arten des Ungeziefers sind Werke Gottes, des „Schöpfers aller sichtbaren und unsichtbaren Dinge", wie er im katholischen Glaubensbekenntnis heißt. Wir maßen uns an, Gott für diesen Schöpfungsakt nicht besonders dankbar sein zu müssen. Ja in unseren europäischen Breiten empfinden wir es als Schande, über Flöhe, Läuse, Wanzen und dergleichen genauer Bescheid zu wissen, etwa gar aus persönlicher Erfahrung. Wir haben diese Tierchen in unserer Zivilisation abgeschafft, ausgerottet, ohne daß deswegen die wissenschaftlichen Zoologen und Tierforscher ein Jammergeschrei erhöben oder sich die Tierschutzvereine empört zu Wort meldeten.

So lange ist es aber noch gar nicht her, daß die Flöhe sogar in der vornehmen aristokratischen Gesellschaft durchaus hoffähig waren. Und daß bei einem päpstlichen Pontifikalamt im Petersdom ein würdiger Kardinal-Erzbischof auf einmal seinen Finger zwischen den Lippen benetzte und dem Papst einen vorwitzigen Floh von der goldbestickten Kasel fing. Ganz ungeniert und ohne Heimlichkeit. Das kirchliche Fußvolk wußte recht gut, was er jetzt macht. Sie waren ja selbst mit Flöhen in ihrem Gewand hierhergekommen. Es war keine Schande, Flöhe zu haben. Ja die feinen Herren und Damen der Rokokogesellschaft hatten auch bei den nobelsten Empfängen ihre Kratzstäbchen dabei und schoben sie ohne Scheu an den Öffnungen ihrer Kleider hinein, um sich zu jucken, oder führten sie vorsichtig unter ihre Perücke, um die lästigen Kopfläuse in ihrem Saufgelage zu stören.

Aber so weit brauchen wir gar nicht in die Geschichte zurückzugehen. Bis in die dreißiger Jahre unseres Jahrhunderts führten auch bei uns die Familienmütter mit Lauskamm und Petroleum einen erbitterten Kampf gegen die Kopfläuse, die ihre Kinder immer wieder von der Schule heimbrachten. Und in den großstädtischen Hotels und Wohnungen gehörten die Wanzen beinahe zum Inventar. Aber auch davon will ich nicht reden, sondern ich schäme mich nicht, meine ganz persönlichen, sozusagen hautnahen Erfahrungen mit dem Ungeziefer dem Papier und damit der Öffentlichkeit anzuvertrauen.

In den ersten Jahren meiner Volksschulzeit hatte ich natürlich auch den Kopf immer wieder einmal voller Läuse. Aber meine Mutter hat den Kampf so erfolgreich geführt, daß gegen Ende der zwanziger Jahre in unserer Umgebung die Kopfläuse ausgestorben waren, genau so wie die Flöhe. Wanzen hat es in den Bauernhäusern unserer Gegend nicht gegeben. Die habe ich erst als Zwanzigjähriger in einem Salzburger Hotel kennengelernt.

Meine heute doch recht umfangreichen Kenntnisse auf dem Gebiet der Läuse, Flöhe und Wanzen verdanke ich meinen kriegsbedingten Aufenthalten in Osteuropa. Jeder Kamerad an der russischen Front oder Etappe, in dessen Unterwäsche nicht eine Hundertschaft Kleiderläuse herumkletterte, mußte sich schämen: Er deklarierte sich als Frontbaby, als Greenhorn und Neuling. Wir waren ständig total verlaust. Es war nichts dagegen zu tun. Wer auf immer wechselnden Brettern, Betten, Matratzen, Stubenböden und Strohschütten herumliegt, der hat einfach Läuse. Gewandläuse! Und wer sich dann nicht jeden Tag waschen kann, wer nie ein Bad nimmt und dieselbe Unterwäsche drei Wochen lang am Leibe trägt und wer dann oft auch die Oberkleidung tagelang nie ausziehen kann, der ist der ideale Wirt für alles Ungeziefer. In der Wärme und in dem Dunstkreis seiner Unterhosen vermehrt es sich ins Ungemessene. Wenn man dann in der wohligen Temperatur eines Unterstands oder Bunkers doch einmal Gelegenheit hatte, Mantel, Uniform, Pullover, Hemd und Unterhemd abzulegen, dann präsentierte sich die nackte Haut als eine juckende Fläche mit hunderten kleiner roter Punkte, den Einstichstellen der Gewandläuse. Dann aber war auch die Stunde der Rache gekommen: Jeder musterte sein Hemd mit gierigen Augen und knackte die Schmarotzer dutzendweise zwischen den zwei Daumennägeln. Die Abschußzahl überstieg ohne weiteres auch einmal die Hundertergrenze. Trotzdem brachten auch solche gemeinsame Treibjagden und

Läuseschlachten nur wenig Erfolg. Die ganze Brut der Nissen, der Lauseier und der winzigen Lauskinder entkam der Ermordung.

Auf dem Marsch von Tschudowo nach Luga, bei klirrender Kälte, kamen wir einmal eine Woche lang nicht aus der dicken Winterbekleidung heraus. Ideale Bedingungen für unsere Untermieter! In den vielen kurzen Marschunterbrechungen, die durch den tiefen Schnee verursacht wurden, lehnten wir uns mit dem Rücken gegen die Kanten und Ecken der Zugmaschinen und Geschütze und begannen zu wetzen und zu scheuern, daß sogar die schweren Kanonen in Bewegung gerieten.

Aber den Gewandläusen war nicht beizukommen. Manchmal traf es sich, daß wir uns in einem geheizten Bunker aufhielten, während draußen bei winterlicher Kälte die Sonne schien. Dann zogen wir die Unterwäsche aus, trugen sie ins Freie und bedeckten sie mit Pulverschnee. Nur ein Zipfel des Wäschestücks mußte in die Sonne herausragen. Dort sollten sich dann die Läuse sammeln und konnten abgeklaubt und in den Schnee geworfen werden. Das galt als Hausmittel alter Rußlandexperten. Aber soviel ich mich erinnere, hat es uns nicht viel Erfolg gebracht.

Recht wirkungslos blieb auch ein weißes Pulver, das einmal zur Winterszeit ausgegeben wurde. Dazu mußte die ganze Kompanie gleichzeitig im Freien antreten, splitternackt, nur die Stiefel durfte man anbehalten. Dann erhielt jeder ein Händchenvoll des weißen Staubes und rieb den ganzen Körper damit ein. Das geschah jeden Morgen nach dem Wecken, einige Tage hindurch. Die Prozedur blieb jedoch ziemlich wirkungslos.

Es ist in diesem Zusammenhang erzählenswert, wie ich seinerzeit die erste Laus an meinem Körper gefunden habe. Ich war noch nicht lange an der Ostfront und hatte tatsächlich mit den Kleiderläusen noch keine Bekanntschaft geschlossen. Da erhielt ich einen Heimaturlaub bewilligt und fuhr mit dem Zug in Richtung Deutschland. In Tauroggen, an der litauisch-deutschen Grenze, mußten alle Reisenden die Ostzüge verlassen, wurden samt ihrem Gepäck durch eine aufwendige Entlausungsstation geschleust und am anderen Ende des Bahnhofs in heimatliche

Züge verladen. Tauroggen war also eine strenge Scheidewand zwischen dem verlausten Rußland und dem ungezieferfreien Deutschen Reich. Die östlichen Zugsgarnituren blieben hermetisch gegen die westlichen abgeschirmt.

Als ich in dem neuen, ungezieferfreien Zug Platz genommen hatte und zufällig auf meine Uniformhose hinunterschaute, da krabbelte auf dem Oberschenkel meines Hosenbeins eine dicke, weiße Kleiderlaus. Die erste meines Lebens.

Unter dem lästigen Ungeziefer des Soldatendaseins war die Kleiderlaus die unbestrittene Nummer eins. Von den anderen in Frage kommenden Läusearten bin ich verschont geblieben. Mit Kopfläusen und Filzläusen habe ich nicht Bekanntschaft gemacht. Auch die Belästigung durch die, allerdings nie ganz fehlenden, Menschenflöhe war dagegen unbedeutend.

Nur die sogenannte Bettwanze machte uns Soldaten zeitweise auch im Osten das Leben sauer. Freilich, die Wanzen sind standorttreue Tierchen. Während sich die Kleiderläuse ausschließlich am Körper und an der Kleidung, vor allem in der Unterwäsche, aufhalten und sich von ihrem Wirt überallhin mittragen lassen, bewohnen die Wanzen das Bett und die Unterkunft des Menschen. Sie sind ein lichtscheues Gesindel, das sich tagsüber in den Ritzen des Bettgestells und in den Spalten und Rissen der Zimmerwand aufhält. Erst wenn sich ihr Zimmerherr ins Bett legt und das Licht ausmacht, kommen sie hervor, um ihren Durst zu stillen. Dabei krabbeln sie ohne weiteres an mehreren Schläfern vorbei und durch das halbe Zimmer, um zu dem Menschen zu gelangen, dessen Körpergeruch ihnen zusagt. Ich verfüge über einen angenehmen Körpergeruch – für Wanzen. Ich war immer ihr erklärter Liebling, und kein Weg zu meiner Bettstatt war ihnen zu weit.

Nachdem sie ihren Durst gelöscht haben und vor allem beim Beginn des Tageslichts ziehen sie sich wieder in ihre Verstecke zurück.

Eine Ungezieferplage von ungeahntem Ausmaß brach am Beginn des Sommers über uns herein. Die Wolchow-Sümpfe hatten Myriaden von Steckmücken ausgebrütet, deren Schwärme fallweise fast die Sonne verdunkelten. Wir trugen den ganzen Tag Lederhandschuhe und dünne Mückennetze vor dem Gesicht. Für die Nächte waren feine Netze ausgegeben worden, die man wie kleine Zelte über die Liegestatt spannte. Unser Batteriechef, ein arroganter Oberleutnant, scheute sich nicht, zu seinem täglichen Geschäftchen auf dem Donnerbalken seinen Putzer mitzunehmen, der mit einem belaubten Birkenzweig den Hintern des Chefs mückenfrei zu halten hatte. Der Gefreite Rueß fand sich tatsächlich zu diesem Dienst bereit.

Mehrmals am Tage machten wir unsere Unterkünfte so halbwegs mückenfrei. Wir entfachten in einem Blecheimer ein kleines Holzfeuer, das wir dann mit Gras halb erstickten. Dem Kübel entquollen dicke Rauchschwaden, die sich an der Decke des Bunkers sammelten und langsam immer tiefer sanken. Jetzt öffneten wir die Tür, und eine graue Wolke von Stechfliegen verflüchtigte sich durch die Tür ins Freie. Man hatte wieder für ein Stündchen so halbwegs Ruhe, konnte die Gesichtsschleier abtun und eine Mahlzeit zu sich nehmen, ohne dabei allzu viele Mücken mitzuverspeisen.

Seit ich am Wolchow gewesen bin, verstehe ich auch, warum Wolfgang Goethe in seine Aufzählung der diabolischen Tiere auch die Fliegen hineingenommen hat. In seinem Faust nennt sich der Teufel selbst und bekennt sich als

> Der Herr der Ratten und der Mäuse,
> der Fliegen, Frösche, Wanzen, Läuse.

Offenbar hatte der Herr Goethe in seinem Leben durchaus auch mit dem Ungeziefer Bekanntschaft gemacht und war auch in diesen Kreisen zu Hause. Ich bin also in guter Gesellschaft und brauche mich nicht zu schämen mit meinen Läuse- und Wanzenkenntnissen. Auch wenn sie aus persönlicher Erfahrung stammen. Heute bin ich läusefrei.

Warten, warten, warten

Eine unter den Soldaten geläufige Redensart, mit der sich die Landser über unverständliche, oft endlos lange Wartezeiten hinwegtrösteten, war der Spruch: „Die halbe Zeit seines Lebens – wartet der Soldat vergebens." Mit diesem Wort der Resignation entfloh man sozusagen seinem persönlichen Überdruß und konnte sich in das Heer der vom gleichen Schicksal Betroffenen einreihen. Das war irgendwie tröstlich. Wehe denen, die sich immer wieder aufs neue über das Warten-müssen ärgerten!

Man mußte bei jeder Gelegenheit warten. Zu den zahlreichen Impfungen zum Beispiel, die man an der Ostfront empfangen durfte, wurde immer kompanieweise angetreten. Und sobald der Arzt nur in Sichtweite kam, erscholl das Kommando: „Oberkörper freimachen!" Und da stand jetzt die ganze Kompanie mit nacktem Oberkörper in der Zugluft eines langen Korridors oder in der ungemütlichen Kälte des russischen Winters und wartete und wartete, bis man endlich an der Reihe war, die Segnung zu empfangen.

So ähnlich geschah es bei vielen anderen Gelegenheiten. Die längste taten- und ereignislose Wartezeit, die ich mitgemacht habe, erlebte ich in der Stadt Veriora in Estland. Unsere Einheit wurde per Eisenbahn an einen anderen Frontabschnitt verlegt. Und da gelangten wir eines Sonntags auf den Bahnhof der besagten Stadt. Hier blieb der Transportzug wieder einmal stehen. Wie immer wußte niemand, wann die Fahrt weitergehen würde, auch unser Kompaniechef nicht. Er erhielt immer erst im letzten Moment von der Bahnhofskommandantur seine Weisungen.

Unter diesen Umständen war es natürlich unmöglich, sich vom Zug weiter als in die Bahnhofsklosette zu entfernen. Wir hockten untätig in den Waggons und standen auf den Bahnsteigen herum. Einen Tag, zwei Tage, drei Tage … Genau nach einer Woche, am Sonntag, fuhr unser Zug wieder weiter.

Ein anderes Mal war ich wieder mit einem Transport auf der Eisenbahn unterwegs. Der Zug blieb auf dem Bahnhof von

Jakobstadt an der Düna stehen. Ich war im selben Zugabteil wie der Kompaniechef und der Batterieoffizier und wurde zufällig Zeuge, wie der Herr Oberleutnant seinem Offizier mitteilte, der Zug würde um drei Uhr nachmittags weiterfahren. Diesmal wußte ich also die Abfahrtszeit.

Ich holte mir drei Kumpel, die zu mir paßten, und verließ mit ihnen heimlich das Bahnhofsgelände. Wir machten einen kleinen Bummel durch die Stadt und suchten dann einen Gutshof auf, der uns aufgefallen war, um für Zigaretten Eier und Speck einzutauschen. In der Küche feilschten wir mit der Köchin und einer Magd und hatten unseren Spaß an den kleinen Mißverständnissen, die wir durch unsere mangelhaften russischen Sprachkenntnisse anrichteten. Da trat ein europäisch gekleidetes Fräulein in die Küche und begrüßte uns freundlich in tadellosem Deutsch. Es war die Tochter des Hauses. Sie bat uns vier Landser in ein Wohnzimmer und dort an den Tisch. Sie war Studentin und hatte an der Universität Deutsch studiert. Sie konnte sogar einige deutsche Studentenlieder. Wir aßen, tranken, sangen und unterhielten uns aufs beste.

Schließlich mußten wir Abschied nehmen, um rechtzeitig wieder auf dem Bahnhof zu sein. Eine Viertelstunde vor drei Uhr trafen wir dort ein – aber unser Zug war schon weg! Worte wie Fahnenflucht und Kriegsgericht hingen drohend über uns!

Auf der Bahnhofskommandantur erfuhren wir den nächsten Zielbahnhof unseres Transportzuges. Aber es gab kaum eine Möglichkeit, dorthin zu kommen. Schließlich machten wir einen Güterzug ausfindig, der in die gewünschte Richtung ausfahren würde. In dem Bremserhäuschen eines Waggons fanden wir Unterschlupf. Leider fehlten sämtliche Fensterscheiben, sodaß wir stundenlang in dem eisigen Fahrtwind standen. Im nächsten Bahnhof fanden wir einen neuen Lastzug, auf dem wir unsere Fahrt fortsetzten. So hinkten wir zwei Tage hinter unserem Transportzug her. Auf den Bahnhöfen erfuhren wir jeweils die neue, wahrscheinliche Richtung.

Am zweiten Tag abends erreichten wir endlich unsere Kampfeinheit, die bereits in Stellung gegangen war, nur zwei Kilometer hinter der Front. Als ersten trafen wir den Batterieoffizier,

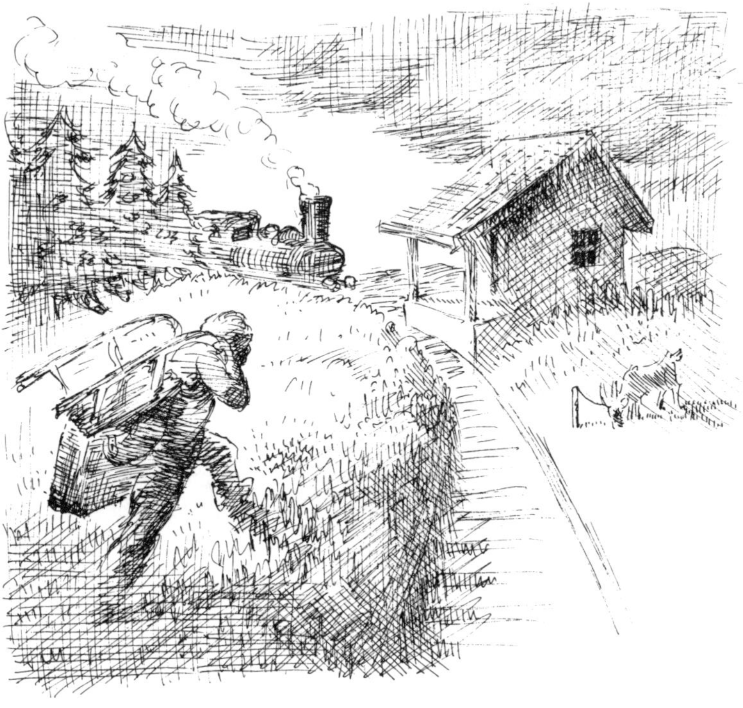

der uns die Hölle heiß machte. „Ihr könnt euch freuen!" sagte er, „Der Chef tobt! Die Geschütze sind noch nicht einmal vermessen! Habt ihr schon einmal etwas vom Kriegsgericht gehört?!"

Kleinlaut schlichen wir zum Chef, Oberleutnant Schubert. „Menschenskinder!" rief der, sobald er uns erblickte. „Gott sei Dank, daß ihr daseid! Ich habe noch keine Meldung gemacht! Obwohl wir nicht einmal feuerbereit sind?"

Noch an dem Abend, schon halb im Dunkeln, schaffte ich es, die Geschütze zu vermessen und die Koordinaten unserer Stellung festzulegen. Der Chef konnte „feuerbereit!" an die Abteilung melden.

Warten, warten, warten. In Jakobstadt an der Düna allerdings, da hatten wir zu lange gewartet. Aber es war noch einmal alles gut ausgegangen. Trotzdem hatte ich weiterhin eine unüberwindliche Abneigung gegen das Warten.

Als ich nach Kriegsende im Herbst 1945 an der Universität Innsbruck das Hochschulstudium aufnahm, fand ich dort bei einer Verwandten, eigentlich Verschwägerten, einen geeigneten Kostplatz. Frau Anna Unterlechner, geborene Duscher aus Lambrechten im Innviertel, sorgte für mein leibliches Wohl. Dafür schleppte ich nach jedem Besuch in meiner gesegneten oberösterreichischen Heimat einen Koffer voll Lebensmitteln zu ihr in das ausgehungerte Tirol. Jeder Dienst verlangt seinen Gegendienst. Und so mußte ich der Frau Unterlechner einen Rodelschlitten, den sie der Familie ihres Bruders schenken wollte, nach Lambrechten bringen.

Als ich zu Allerheiligen 1945 heimfuhr, hängte sie mir das sperrige Ungetüm zusätzlich zu meinem Koffer und zu meinem Rucksack an. Der Koffer war allerdings bei meiner Heimfahrt immer ziemlich leer.

Ich fuhr mit der Bahn. Auf dem Bahnhof in Innsbruck hieß es schon wieder warten. Der aus Vorarlberg kommende Zug hatte zwei Stunden Verspätung. Warten, warten, warten. Sooft es in der Folge zum Umsteigen war, kam ich mit meinem unhandlichen Reisegepäck in arge Bedrängnis. Bei Rattenberg war die Bahnstrecke durch Bombardierungen zerstört und unterbrochen. Ein paar Bauern beförderten auf Leiterwagen das Gepäck der Reisenden zum nächsten Bahnhof. Wer gesund und kräftig genug war, lief zu Fuß nebenher.

In Attnang-Puchheim mußte ich auf die Strecke nach Ried – Schärding umsteigen. Auf dieser Nebenstrecke verkehrten aber nur zwei Züge täglich. Als wir um neun Uhr vormittags in Attnang eintrafen, mittlerweile mit drei Stunden Verspätung, war der Rieder-Zug längst abgefahren. Der Nachmittagszug ging um vier Uhr. Also wieder warten! Warten, warten, warten! Sieben Stunden warten! Auf einem der langweiligsten Bahnhöfe Österreichs!

Ich hielt es nicht aus. Auf der Straße vor dem Bahnhofsgebäude traf ich einen Lastwagen, der Bauholz geladen hatte. „Wohin fährst du?" – „Nach Ampfelwang!" – „Kann ich mit?"

Ja, ich durfte mitfahren. Ampfelwang, das klang heimatlicher als Attnang und lag auch wirklich ein Stück näher. Freilich ein wenig abseits und außerhalb der geraden Richtung. Ich hoffte aber, daß ich von dort mit einem anderen Fahrzeug weiterkommen könnte, über den Hausruck, per Anhalter.

Diese Hoffnung hat mich leider betrogen. Ich wollte auch in Ampfelwang keine Minute warten. Schon wieder warten, warten, warten! Sofort setzte ich mich in Bewegung und wanderte die Hausruckstraße hinauf, schwer beladen mit einem Koffer, einem Rucksack und einer Rodel. Ende Oktober! Nie habe ich mir sehnlicher Schnee gewünscht.

Kurz nach vier Uhr traf ich hundemüde in der Station Hausruck ein und erwischte gerade noch den Zug aus Attnang, der mich zur selben Zeit und mühelos hierher gebracht hätte, wenn ich dort gewartet hätte.

Ich mag aber nicht warten!

Zu spät!

Es ist ein böses Wort, das Wort „zu spät". Verzweiflung liegt darin und untröstlicher Kummer. „Spät" geht in Ordnung, es ist nachzuholen, wenn auch mit zusätzlicher Anstrengung. Sogar „sehr spät" ist wieder gutzumachen, wenn auch mit seelischer Not. „Zu spät" jedoch ist zu spät. Die letzte Gelegenheit ist versäumt. Irgendwo habe ich von einer Inschrift gelesen, die über dem Eingang zur Hölle stehen soll. Sie lautet: „Zu spät!" So schrecklich ist dieses Wort, wenn es uns als Summe des Lebens entgegengeschleudert wird.

Auch die Situationen während unseres Lebens, bei denen man zu spät kommt, sind oft ungeheuer peinlich und nachteilig. Freilich, irgendwie sind sie meistens wieder gutzumachen, mit Schaden, mit Zeitverlust, mit Aufregung und zusätzlichem Aufwand.

Einmal, als ich während des Zweiten Weltkrieges an der russischen Nordfront im Einsatz war, wenige Kilometer südlich von Leningrad, wurde mir, da das im Frühjahr einsetzende Tauwetter für längere Zeit alle Kampfhandlungen und Frontbewegungen in den Wolchow-Sümpfen unmöglich machte, ein Heimaturlaub bewilligt. Ich fuhr mit einem Urlauberzug durch die baltischen Staaten nach Süden, durch Ostpreußen und schließlich durch ganz Deutschland meiner österreichischen Heimat zu. Ich bin ein recht dankbarer Passagier. Nie wird mir im Zug langweilig. Ich klebe beinahe an der Fensterscheibe meines Abteils und genieße mit unermüdlicher Ausdauer die Landschaft. Diesmal war es besonders interessant, weil ich dabei durch die Fahrt nach Süden den werdenden Frühling wie im Zeitraffer verfolgen und genießen konnte.

Als ich in Tschudowo bei Leningrad meine Fahrt begann, zeigte dort die Natur die ersten zaghaften Zeichen des kommenden Frühlings. Die Landschaft trug noch das weiße Kleid des Winters. Je weiter ich nach Süden kam, umso deutlicher kündigte sich der Frühling an. Schließlich war der Schnee bis auf wenige Reste verschwunden. Die Weiden grüßten mit ihren weichen Kätzchen, und bald darauf sah man das erste Grün an den Bäumen. Ja schließlich leuchteten sogar schon Schneeglöckchen und Anemonen auf den Wiesen. Als ich endlich durch Deutschland nach Süden fuhr, standen dort in den Hausgärten die Ziersträucher schon in Blüte.

Sogar im fahlen Licht der Nächte wich ich nur selten von meinem Auslug am Fenster. Die schlafenden Dörfer an der Strecke mit ihren landschaftlich wechselnden Bauweisen interessierten mich genau so wie das wimmelnde Leben auf den Bahnhöfen der Städte.

Ich hatte keine Zeit zum Schlafen. Auf der Fahrt durch Deutschland wollte ich erst recht nichts übersehen. Sogar die Namensschilder der Orte weckten anregende Assoziationen in mir. Freilich, je weiter ich nach Süden kam und je länger das einförmige Rütteln des Zuges auf mich einwirkte, umso öfter spürte ich auch so etwas wie Müdigkeit. Hie und da machte ich ein Nickerchen, sogar am hellen Tag.

Schließlich hatten wir Nürnberg hinter uns, und der Zug mußte sich schon Regensburg nähern. Dort sollte ich zum ersten Mal umsteigen, nach Passau. Der Urlauberzug würde nach München weiterfahren. Er rumpelte und pumpelte und schlug seinen einschläfernden Takt. Stundenlang, stundenlang. Gerade als wir uns Regensburg näherten, fielen mir vor Müdigkeit immer wieder die Augen zu, jeweils nur ganz kurz. Ich mußte ja aussteigen. Öfters schreckte ich auf und griff nach meinem Gepäck. Es war aber immer noch nicht Regensburg da.

Wieder wurde ich wach. Zur rechten Zeit, wie mir schien. Der Zug humpelte nämlich durch ein weitläufiges Bahnhofsgelände mit vielen Weichen und Schienenabzweigungen. Er fuhr ganz langsam. Gleich würde er halten, wir waren endlich auf dem Bahnhof von Regensburg. Ich richtete mich zum Aussteigen. Da fiel mir auf, daß der Zug nicht langsamer wurde, sondern seine Geschwindigkeit eher beschleunigte. „Sind wir in Regensburg?" fragte ich einen Kameraden. „Ja", sagte er, „wir fahren gerade aus dem Bahnhof."

Ich hatte zu weit zur Tür, sonst wäre ich mitsamt meinem Gepäck noch hinausgesprungen. Es war nichts mehr zu machen.

Ich mußte zusehen, wie mich der Zug mit jeder Minute weiter von daheim fortschleppte. Es war zu spät, es war einfach zu spät! Ich hatte den Anschluß verschlafen und damit einen Urlaubstag in der Heimat vergeudet, verscherzt.

Vorläufig war ich in dem Zug gefangen, und der hielt erst wieder in Landshut, nach endlosen siebzig Kilometern. Anschließend hockte ich stundenlang auf Bahnhöfen herum und erreichte erst nach langweiligen Bummelzugfahrten spät abends Passau. Dort lungerte ich eine Nacht im Bahnhofwartesaal herum. Voll Ärger und hundemüde.

Völlig unausgeschlafen bestieg ich am nächsten Morgen den Frühzug Passau – Attnang-Puchheim mit dem einsernen Vorsatz, nie mehr im Leben das rechtzeitige Umsteigen zu versäumen. Und den Vorsatz habe ich auch gehalten: Ich bin nämlich diesmal zwei Stationen zu früh ausgestiegen!

Ich saß wieder im Zug, in dem Bummelzug zwischen Schärding und Ried. In der Haltestelle Hart würde ich aussteigen, von wo ich dann immer noch eineinhalb Stunden Fußmarsch zu meinem Elternhaus vor mir hatte.

Ich saß also wieder im Zug und kämpfte abermals mit dem Schlaf. Sekundenlang war ich manchmal weg, schreckte aber gleich wieder auf und achtete ängstlich auf die Bahnstationen. Wieder einmal sprang ich nach kurzem Dösen auf, bereit zum Aussteigen, weil der Zug gerade gehalten hatte. Ich warf einen Blick auf das Gelände draußen und erkannte mit Entsetzen die Haltestelle Hart. „Ist das schon Hart?" schrie ich, und irgend jemand hat wohl mit dem Kopf genickt. Ich packte den Rucksack und das Gewehr, stürzte zur Tür und sprang auf den Bahnsteig. Gerade noch rechtzeitig. Denn schon setzte sich der Zug in Bewegung und entschwand meinen Augen.

Jetzt erst hatte ich Zeit, mich zurechtzufinden, und erkannte mit Entsetzen die Haltestelle Dietrichshofen. Ich war zwei Stationen zu früh ausgestiegen.

Ein wenig schäme ich mich, diese meine Versager zu beichten. Aber ich kann auch nichts dafür. Ich bin halt so. Und unter den

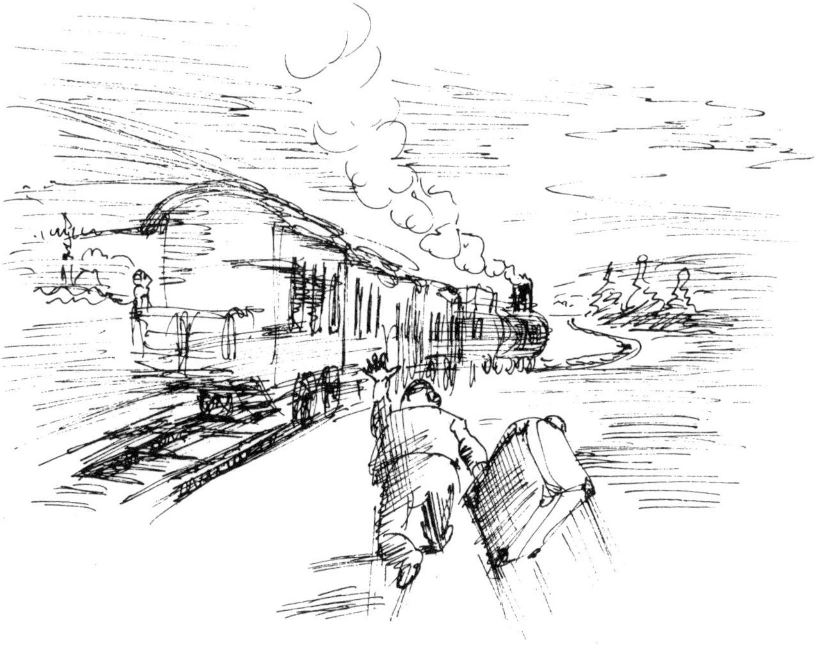

Schmähungen, die ich in meinem Leben einstecken mußte, ist wohl die eine, die ich schon öfters zu hören bekam, ein bißchen berechtigt. Manche haben nämlich zu mir schon gesagt: „Mensch, du bist ein Schauer!" Ja, sage ich dann zu mir selber: Dafür bin ich halt auch ein Dichter!

Schon früher einmal habe ich einen wichtigen Zug versäumt. Ich saß damals als Soldat im Wartesaal der Stadt Lundenburg, an der Grenze zwischen Niederösterreich und Mähren, und wartete auf den Urlauberzug, der um soundsoviel Uhr hier eintreffen sollte. In dem Wartesaal verkündete von Zeit zu Zeit eine dröhnende Lautsprecherstimme die Abfahrtszeiten von Zügen. Zum Beispiel: Achtung! Achtung! Der Personenzug über Prerau und Wischau nach Olmütz fährt gleich ein. Abfahrt in fünf Minuten von Bahnsteig zwei!

Das war beruhigend, man brauchte sich nicht selbst zu kümmern. Für Lebenserleichterungen bin ich immer dankbar gewesen. Ich hockte seelenruhig in dem verrauchten Wartesaal an einem schmutzigen Holztisch und überließ mich der Obrigkeit. Meinen Urlauberzug erwähnte die Lautsprecherstimme nicht. Er schien noch weit weg zu sein.

Als aber die amtliche Abfahrtszeit bereits um einige Minuten überschritten war, wurde ich doch unruhig und begab mich zur Bahnhofsauskunft. „Der Urlauberzug nach Wien?" fragte der Beamte. „Dort fährt er! Er ist gerade weg!" – „Der ist aber nicht ausgerufen worden!" schrie ich ihn an. „Natürlich!" sagte der Beamte, „er ist genau nach Fahrplan abgefahren! Nur die außerplanmäßigen und verspäteten werden angesagt!"

Ja ja! Zu spät! Schon wieder zu spät! Ich bin eine Spätfrucht. Meine Mutter war schon bald vierzig, als sie mich geboren hat. Und auch in meiner Schriftstellerei bin ich ein Spätzünder gewesen. Ich war zweiundsechzig Jahre alt, als ich Bücher zu schreiben anfing. Spät! Aber man sieht: Zu spät ist es selten.

Die Heimkehr

Eigentlich ist jeder, der auch nur kurze Zeit fort gewesen ist und jetzt seine Schritte wieder heimwärts lenkt, ein Heimkehrer. Kaum einer aber strebt mit soviel Sehnsucht und Freude seinem Haus und seinen Freunden zu wie ein Soldat, der oft lange Jahre, und gegen seinen Willen, in der Fremde ausharren mußte. Ein solcher Soldat ist nach unserem Empfinden in erster Linie ein Heimkehrer. Er ist der Heimkehrer schlechthin.

Ich bin ziemlich genau sechs Jahre lang Soldat gewesen, von 1939 bis 1945. Im Jänner des letzten Kriegsjahres, 1945, wurde ich – zwei Tage vor der letzten, entscheidenden Generaloffensive der Russen – von der Ostfront abgezogen und an die Kriegsschule Straschitz, auf einem Truppenübungsplatz in Böhmen, abkommandiert.

Dort erhielt ich am 21. April den Auftrag, eine etwa 20 Kilometer entfernte Militärdienststelle aufzusuchen und dort irgend etwas zu erledigen. Ich war Fahnenjunker und bekam zwei Obergefreite als Begleitung mit.

Zu dieser Zeit zeichnete sich der Zusammenbruch der deutschen Verteidigung und damit das Ende des Krieges schon überdeutlich ab. Die Alliierten hatten bereits den Rhein überschritten, und die Russen drangen gerade in Schlesien ein. Als wir das Kasernentor verließen, stand für mich fest, daß wir nicht zurückkehren würden. Eine Weile versteckten wir unsere Gesinnung noch voreinander, bald aber sprachen wir es offen aus: Für uns ist der Krieg zu Ende! Wir hauen ab!

Nun war das nicht so einfach. Auf befahrenen Straßen zu gehen, sich auf Bahnhöfen zu zeigen oder gar einen Zug zu besteigen, war lebensgefährlich. Noch immer waren deutsche Militärstreifen unterwegs und machten mit Deserteuren kurzen Prozeß. Am sichersten waren Feldwege und Nebenstraßen. Da wiederum war es nicht ratsam, sich in tschechischen Dörfern sehen zu lassen. Die Bevölkerung war böse auf die deutsche Besatzungsmacht.

Sicherer fühlten wir uns erst, als wir das böhmische Randgebiet erreicht hatten, das ja deutsch besiedelt war. Wir erhielten zu essen und schliefen eine Nacht recht gut auf einem Heuboden.

Am nächsten Tag umgingen wir in einem Bogen den Ort Böhmisch-Eisenstein und gelangten nach Bayerisch-Eisenstein. Der Name bayerisch schien uns Sicherheit zu versprechen, sodaß wir uns an die Hauptstraße heranwagten. Wir betrachteten einen Kraftfahrer in Militäruniform, der an seinem schweren Lastwagen etwas reparierte. Wenn der uns mitnehmen könnte! Wenigstens ein Stück! Es herrschte nämlich Regenwetter, mitunter schneite es sogar. Es war saukalt. Wir traten an den Lastwagen heran. „Kamerad, wohin fährst du?" – „Nach München muß ich!" sagte er. – „Mensch, könntest du uns ein Stück mitnehmen? Vielleicht gar bis Regensburg?" „Von mir aus!" sagte er, „gleich fahr ich wieder los. Habt ihr Zigaretten?"

Ich durfte im Führerhaus Platz nehmen, meine zwei Begleiter duckten sich auf der Ladefläche zwischen das Eisenzeug, das er geladen hatte. „Ersatzteile", erklärte er, „die müssen nach München." – „Ist es eilig?" forschte ich während der Weiterfahrt. „Was weiß ich?" brummte er. „Gar so eilig wird's nicht sein! Is eh schon alles für die Katz!"

„Du", sage ich, „Kamerad paß auf! Wir drei, wir müssen nach Passau. Dort sind wir daheim. Wenn du uns hinbringst, dann fallen dir meine Eltern um den Hals und erfüllen dir jeden Wunsch! Du kriegst heut abend ein Festessen, ein Schnitzel oder einen gebratenen Hahn, was du dir wünschst, und Most und Schnaps, soviel du magst. Wir haben einen großen Bauernhof. Und heut Nacht liegst du in einem weißen Federbett, und morgen früh bekommst du einen Renken Geselchtes und eine Flasche Schnaps zur Weiterfahrt. Das verspreche und garantiere ich dir!"

Soviel Versprechungen und Bestechungen gegenüber war der Kamerad machtlos. Er fuhr nicht nach München, sondern zweigte zu Regensburg in Richtung Passau ab.

Die Masche mit Passau war indessen mehr Diplomatie als Wahrheit. Das Bauernhaus meiner Eltern liegt fünfzig Kilometer jenseits von Passau, weit im Österreichischen drin. Aber was sind schon 50 Kilometer für einen, der heim will! Gar meine Kameraden hatten mit Passau schon gar nichts zu tun. Der eine war in Hallein zu Hause, bei Salzburg, der zweite, ein Opernsänger aus Köln, wollte nach Innsbruck. Seine Wohnung in Köln war zerbombt, und seine Frau hatte in Tirol Unterschlupf gefunden. Vorläufig waren meine Kameraden froh, in einem abseits gelegenen Bauernhof, meinem Elternhaus, eine gefahrlose Bleibe zu finden.

Die Zielangabe Passau hatte unseren Lastwagenfahrer nicht verschreckt. Die Stadt lag noch in Bayern. Als wir uns Passau näherten, begann er sich aber immer öfter nach dem genauen Ziel zu erkundigen. „Es liegt jenseits von Passau, schon ein Stück nach Österreich hinein", verabreichte ich ihm die Wahrheit tröpfchenweise. „Bei Schärding", sagte ich schließlich. Und später: „Noch etwas über Schärding hinaus!"

Ich stellte fest, daß er mit allem einverstanden war. Er fuhr und fuhr. Mir aber stiegen langsam die Grausbirnen auf: Es regnete fast ständig, und ich dachte an die Lehmstraße, die zu unserem Bauernhof führt. Bei diesem Regenwetter konnte der schwere Lastwagen auf dem grundlosen Bauernweg unmöglich ans Ziel kommen. Nun hatte ich aber dem Fahrer die grandiose Bewirtung und eine paradiesische Nächtigung versprochen!

Im letzten Moment fand ich einen erträglichen Ausweg. Ich lotste unser Fahrzeug zum Bauernhof meines Bruders Franz in St. Martin. Der liegt direkt an der Bundesstraße. Mein Bruder war zwar auch Soldat und natürlich noch nicht daheim, aber seine Frau, meine Schwägerin, würde sicher den Liebesdienst übernehmen. „Liebe Nandl", sagte ich, als ich aus dem Führerhaus geklettert war, „dieser Kamerad hat mich von Böhmen bis hierher gebracht. Du kannst dir denken, wie dankbar ich ihm bin! Behalt ihn bitte über Nacht und gib ihm bitte alles, was er will!"

Der Kraftfahrer brachte mich dann mit meinen zwei Kameraden so nahe an mein Elternhaus heran, als es die Wegverhältnisse zuließen. Die restliche Strecke bewältigten wir zu Fuß. Er aber fuhr zu meiner Schwägerin nach St. Martin zurück.

Wir drei erreichten nach 20 Minuten mein Elternhaus. Ich kann es mir ersparen, die Wiedersehensfreude zu schildern. Sie ist auch unbeschreiblich.

Ich bin ein Glückspilz. Ich war sechs Jahre im Krieg, davon drei volle Jahre an der Front. Oft auch an der vordersten. Es ist mir kein Haar gekrümmt worden, und sogar meine Heimkehr erfolgte auf vier Gummirädern in einem geheizten Führerhaus.

Die Kriegsgefangenschaft

Ich war sechs Jahre im Krieg, als Soldat, davon drei Jahre an der Front, und habe manche brenzliche Situation miterlebt. Ich wundere mich heute selbst: Ich habe nie eine besondere Angst empfunden. Sicher nicht aus übergroßer Tapferkeit, gewiß aber infolge meines angeborenen Leichtsinns. Ich habe immer geglaubt, daß ich wieder heimkommen werde.

Weit mehr als vor Verwundung und Tod hatte ich Angst vor der Kriegsgefangenschaft, vor allem vor der russischen. Von Menschen gequält und gedemütigt zu werden, erschien mir als das Ärgste, was mir passieren könnte.

Meine Chance, den Russen in die Hände zu fallen, war groß. Ich befand mich gegen Kriegsende an der Ostfront. Jeden Tag konnte die lange angestaute Offensive der Russen losbrechen. Da wurde ich abberufen, von einem Tag auf den andern, und auf eine Kriegsschule in Böhmen geschickt. Wie ich später erfahren habe, sind alle Kameraden aus meiner letzten Einheit verschollen: gefallen oder in der Kriegsgefangenschaft umgekommen.

Ich nicht. Ich konnte vierzehn Tage vor der Kapitulation die Kriegsschule verlassen und habe zu Fuß und per Anhalter meine Heimat erreicht.

Zunächst lebte ich auf dem abgelegenen Bauernhof meiner Eltern als U-boot. Ich hielt mich untertags in den oberen Räumen auf und ließ mich vor fremden Leuten nicht sehen. Dann war auf einmal der Krieg aus, am 8. Mai 1945, und ich brauchte mich nicht mehr zu verstecken – vor deutschen Militärstreifen und fanatischen Parteigenossen. Dafür aber vor den Amerikanern, die sich in den Gemeindeorten einquartiert und das Regiment in unserer Heimat übernommen hatten. Sie wußten natürlich nicht, daß ich den Zweiten Weltkrieg schon vor vierzehn Tagen quittiert und damit meinen Separatfrieden mit den Alliierten geschlossen hatte. Ich befand mich mit ihnen sozusagen noch immer im Kriegszustand, ich war noch immer ihr Feind, den sie laut Völkerrecht jederzeit erschießen konnten.

Du mußt dich bei der Besatzungsmacht melden, bei der amerikanischen Kommandantur, sagten mir alle, sonst mußt du dich ewig verstecken. Du mußt in ein Kriegsgefangenenlager, damit du einen Entlassungsschein bekommst! – Wo ist so ein Lager? – Ja, in Ried auf den Lughofergründen!

In der Folgezeit trafen in unserer Nachbarschaft weitere Heimkehrer ein, solche, die wie ich einfach davongelaufen waren, und solche, die bereits ordnungsgemäß entlassen waren. – Wie lange haben sie dich noch festgehalten? fragten wir jeden begierig. – Drei Wochen! Die Lager sind noch voll Kriegsgefangener! – Nein! Noch einmal drei Wochen in ein Militärlager! Nie! Wir warten, bis der Großteil entlassen ist. Dann wird es schnell gehen!

Wirklich wurden die Aufenthalte in den Entlassungslagern immer kürzer. Mich haben sie nur noch eine Woche festgehalten, dann haben sie mich entlassen, sagte ein Neuankömmling. – Nein! Das ist noch immer zu lang! sagten wir. Das wird noch so, daß du mit dem Soldbuch hingehst, und mit dem Entlassungsschein kommst du wieder heim. Am selben Tag!

Und so haben wir gewartet, unser vier aus meiner näheren Umgebung, bis die Entlassung nur noch einen Tag dauerte. Jetzt fuhren wir nach Ried und meldeten uns im amerikanischen Lager. Dort standen große Zelte, die schon fast leer waren. Da mußten wir zunächst hinein, nachdem man uns die Soldbücher abgenommen und unsere Personalien festgestellt hatte. Wir durften auf aufgelegten Pritschen Platz nehmen.

Eine volle Stunde tat sich nichts. Dann erschien ein amerikanischer Offizier und ließ uns durch einen Dolmetscher folgendes kundtun: Das Entlassungslager Ried wird ab sofort geschlossen. Die wenigen, die noch da sind, werden in das Gefangenenlager Lambach überstellt.

Wir wurden auf Lastwagen verfrachtet, und ab ging's ins Lager Lambach. Dort standen und saßen auf einem riesigen eingezäunten Wiesengelände an der Traun tausende deutsche Soldaten, angeblich waren es dreißigtausend.

So, und in diesem verdammten Lager habe ich dann fast drei Wochen auf meine Entlassung gewartet. Die amerikanischen Schreibstubenbullen waren Muster an Faulheit; sie ruhten sich nach jedem Buchstaben, den sie schrieben, eine Viertelstunde aus. Sofern sie überhaupt etwas schrieben. Meistens suchten sie sich aus den Gefangenen welche aus, die die Schreibarbeit erledigen mußten, und saßen selbst zigarettenrauchend und schokoladefressend daneben. Ich war auch einmal so dumm, und habe mich für die Schreibarbeit gemeldet, weil ich hoffte, durch diesen persönlichen Kontakt vielleicht bei der Entlassung bevorzugt zu werden. Aber so dumm waren sie auch wieder nicht: Die Kuh, die gut in der Milch steht, verkauft man nicht.

Die große Menge der kriegsgefangenen Soldaten stammte aus allen Gegenden Deutschlands. Sie waren regimenterweise in Gefangenschaft geraten und hatten daher noch ihre Marschausrüstung samt Mantel und Zelt. Wir waren jedoch schon daheim gewesen und hatten uns dummerweise in leichter Sommerkleidung in Gefangenschaft begeben. Wir besaßen auch keine Zelte wie die anderen, ebenso wenig einen Brotbeutel und ein Kochgeschirr. Dafür erschienen aber schon am übernächsten Tag Angehörige von uns am Lagereingang und brachten uns Speck und Kuchen.

Da als einzige Verpflegung jeden Tag nur steinharte Erbsen ausgegeben wurden, die sich die Gefangenen an unzähligen kleinen Feuerchen selbst kochen mußten, wurden wir wegen unserer Leckerbissen beneidet und umschwärmt. Auf meiner Suppe stand ein dünner Fettfilm und zwischen den Erbsen schwammen duftende Speckbröckchen herum. Ich lag daher nur die erste Nacht ganz im Freien – es war Juli und sehr schönes Sommerwetter –, in der zweiten Nacht durfte ich schon mit dem Oberkörper in einem Drei-Mann-Zelt unterschlüpfen. Bald darauf konnte ich mich mit ein wenig Speck sogar voll in ein Zelt einkaufen, aus dem einer entlassen worden war.

Die kleinen Feuer unterhielten wir mit winzigen Holzspänen, die wir mit unseren Taschenmessern von den Bäumen absplitterten, die am Lagerrand wuchsen. Eine mittelgroße Esche haben wir tatsächlich mit unseren Taschenmessern zu Fall gebracht. Der untere Teil des Stammes war täglich dünner geworden, bis sie eines Tages umstürzte.

Aus dem Wurzelstock einer Hainbuche, die früher einmal von dem Besitzer abgeholzt worden war, war ein pfeilgerader Stockausschlag in die Höhe gewachsen, in der Dicke eines Spazierstocks. An der Stelle, wo der Stab seitlich aus dem Wurzelstock herauswuchs, hatte sich eine merkwürdige Wucherung gebildet, die an den Kopf einer Schlange erinnerte. Ich schnitt den Stab samt der Wucherung ab und schnitzte mir einen interessanten Gehstock daraus, dessen Handgriff der besagte Natternkopf bildet. Nachdem ich dann vom ganzen Stab die Rinde losgeschält hatte, brannte ich mit dem Brennglas einer Taschenlampe allerlei Ziermuster, Symbole und Inschriften hinein. Viele Stunden saß ich in der Sonne, bis der Stock fertig war. Auf ihn gestützt, bin ich dann, als ich nach Tagen entlassen worden war, heimgegangen. Zu Fuß wanderte ich von Lambach nach Ried, wo ich bei Verwandten über Nacht blieb, und von dort am nächsten Tag heim.

Später habe ich meinen Stock noch weiter verziert und mit Ölfarbe bemalt. Heute hängt er in meiner Studierstube an der Wand. Eine der Inschriften ist ein Zitat aus einem Gedicht Franz Stelzhamers. Es lautet:

> An Palast und an Ruahstuhl kinnts wemderwöll gebm,
> aber Wanderstab, Wanderstab, du bist mei Lebm!

So habe ich meine Kriegsgefangenschaft hinter mich gebracht. Sie war im Grunde so harmlos, daß sie kaum den Namen verdient. Jetzt war ich nach sechs Jahren Soldatendasein wieder Zivilist und so frei wie ein Vogel im Wald. Verbrieft und besiegelt und mit Daumenabdruck bestätigt: Ich und die Vereinigten Staaten von Amerika hatten damit den Zweiten Weltkrieg auch offiziell beendet und Frieden geschlossen.

Abenteuer eines Vorlesers

Seit rund fünfzehn Jahren halte ich Lesungen aus meinen Büchern. Das ist sozusagen mein zweiter Beruf geworden. Ich tue es gern und freue mich über jede Lesung, zu der ich eingeladen werde. Ich habe das gute Gefühl des Erfolgs und die Überzeugung, daß mir das Publikum gerne zuhört.

So eine Lesung strengt mich wenig an, die größere Leistung ist für mich immer die Autofahrt an den Veranstaltungsort und – meist zu später Nachtstunde – die Heimfahrt. Die Tätigkeit des Vortrages selbst ist mir, wie gesagt, lustig. Ich hatte dazu von vornherein Veranlagung und Geschick, und mittlerweile habe ich mir eine solche Übung und Routine erworben, daß mich kein nennenswertes Lampenfieber mehr antreibt, mich sorgfältig vorzubereiten. Das kommt meinem eher bequemen Wesen sehr entgegen. Ich bereite mich nicht gerne vor, es ist mir zu anstrengend und läßt sich so leicht hinausschieben. Ich überlasse mich bei meinen Vorträgen lieber der Laune und Stimmung des Augenblicks und dem Eindruck, den das heutige Publikum auf mich macht. Meist überfällt mich erst fünf Minuten vor Anfang der Veranstaltung eine kleine Nervosität, und ich beginne in meinem Gedächtnis krampfhaft nach einem Lesestück zu suchen, mit dem ich den Vortrag passend eröffnen könnte.

Ich bin eben ein leichtsinniger, arbeitsscheuer Mensch, der lästige Pflichten gerne hinausschiebt – in der Hoffnung, sie könnten sich vielleicht inzwischen von selbst erledigen. Noch dazu bin ich daraufgekommen, daß eine sorgfältige Vorbereitung meinem Vortrag eher schadet. Am eindrucksvollsten bringe ich Geschichten oder Gedichte, die ich längere Zeit nicht mehr gelesen habe: Meine eigenen Formulierungen sind mir dann neu und ergreifen mich selbst. Und das ist die wichtigste Voraussetzung für einen guten Vortrag.

Also mache ich mir meistens keine genaueren Gedanken über die bevorstehende Lesung und fahre leichtsinnig wie der Hans im Glück an den Schauplatz des geplanten Geschehens. Des öfteren geht meine Laxheit so weit, daß ich nur den Gemeindeort weiß und, am Ziel angekommen, erst Passanten auf der Straße fragen muß, ob an ihrem Ort heute eine Veranstaltung stattfinde und wo das etwa sein könnte. „Ja ja", sagen sie dann, „im Pfarrheim liest heute irgend so ein Professor Gedichte vor!" Dieses mein Nichtwissen beschämt mich nicht und macht mich nicht nervös. Es geht für mich in Ordnung. Es sei denn, ich kann in der abendlichen Dunkelheit trotz mehrmaligem Herumkurven das Vortragslokal nicht finden.

Es kommt auch vor, daß ich – ein schlampiger Mensch und ein Feind aller schriftlichen Aufzeichnungen – die vereinbarte Uhrzeit nicht mehr weiß. Ist acht Uhr ausgemacht worden? Oder halb acht? Oder gar schon sieben Uhr? Da steige ich dann etwas stärker auf den Gashebel meines Autos, um für alle Fälle zurechtzukommen. Zustatten kommt mir dabei meine Gewohnheit, schon eine halbe Stunde vorher am Zielort sein zu wollen. Da fällt es dann nicht auf, wenn ich mich im Zeitpunkt der Lesung vertan hatte und diese schon früher begann, als ich gemeint hatte.

Freilich, mein leichtsinniger Optimismus hat mich schon öfters betrogen. Ich setze immer die kürzestmögliche Fahrzeit voraus und rechne nicht mit Hindernissen und ungewollten Verzögerungen. Da ist es schon vorgekommen, daß ich erst im letzten Moment eintrudelte und gerade noch Zeit hatte, Hut und Mantel abzulegen.

Vor kurzem hat es sich sogar zugetragen, daß ich in der Meinung, der Vortrag beginne um acht Uhr, um halb acht noch seelenruhig nebenan im Gasthaus saß, bis mich die Veranstalter holten. Das Publikum warte schon eine Viertelstunde! Sowas läßt mich natürlich nicht kalt. Es ist mir aufrichtig peinlich. Ich entschuldige mich eindringlich und fasse den ernstlichen Vorsatz, mich zu bessern.

Einmal las ich in Linz nachmittags für die Belegschaft eines Betriebes. Es war eine Werbeagentur. Für den Abend war ich zu einer Lesung im Landeskulturzentrum Ursulinenhof angesagt, vor den „Freunden der zeitgenössischen Literatur". Die Veranstaltung der Werbeagentur verlief recht vergnüglich und herzlich und endete in einer überaus gastlichen Nachfeier. Ich saß zwischen dem Chef der Agentur und seiner liebenswürdigen Gattin am reich gedeckten Tisch und labte mich an den ausgesuchten Speisen und delikaten Weinen. Kein Wunder, daß ich meinen Aufbruch immer wieder hinausschob und mich erst in der letztmöglichen Minute verabschiedete. Man geleitete mich mit dem Aufzug vom sechsten Stockwerk ins Erdgeschoß hinunter. Als ich auf die Straße treten wollte, bemerkte ich, daß es in Strömen regnete. Sofort lief ich ins Haus zurück: mein Liftbegleiter war schon weg. Mit Mühe und Zeitverlust überlistete ich die Tücken des Aufzugs und erschien wieder im sechsten Stock. Da mußte irgendwo mein Regenschirm stehen. Er wurde erst nach langen Minuten gefunden, in einem Waschbecken. Ein Bürofräulein hatte ihn, da er bei meinem Eintreffen triefend naß gewesen war, dort versteckt.

Ich fuhr wieder hinab und stürzte in den Regen hinaus. Es war schon höchste Eile geboten. Ich hatte wieder einmal in meinem Leichtsinn die Strecke bis zum Ursulinenhof unterschätzt. So hastete ich beinahe im Laufschritt dahin, den Schirm und die Büchertasche in den Händen und den schweren, warmen Hubertusmantel am Leib. Der Schweiß drang mir aus allen Poren.

Schnaufend und vollkommen durchgeschwitzt erschien ich endlich im zweiten Stock des Ursulinenhofs, zwanzig Minuten nach dem angesetzten Beginn der Lesung. Naja, die liebe Frau Kraus hat mich trotzdem aufgenommen und mir sogar noch Zeit gegönnt, mich in der Toilette ein wenig frischzumachen.

Damals bin ich schon einigermaßen in Aufregung geraten, sonst aber bringt mich nicht so leicht etwas aus der Ruhe. Normalerweise fahre ich zu den Veranstaltungen selbst mit meinem Auto. Nur meine liebe Frau Maria begleitet mich immer treulich, sorgt dafür, daß ich passend angezogen und ausgerüstet bin, und kümmert sich um die Taschen und Koffer für den Bücherverkauf. Wir stellen in den Vortragssälen immer einen Büchertisch auf. Maria betreut ihn und sitzt während der Lesung inmitten der aufgelegten Bücher, Sprechkassetten und Schallplatten, und mit der eisernen Geldkasse wie eine echte Buchhändlerin.

Seit ein paar Jahren haben wir dazu noch das Ehepaar Arnold und Berti Zugsberger gefunden, die uns zu lieben Freunden geworden sind. Sie begleiten uns, sooft es ihnen möglich ist. Arnold ist unser Schofför geworden, der auch die kompliziertesten Stadtdurchfahrten ohne Aufregung meistert und überall einen Parkplatz findet. Berti würzt mit ihrem liebenswürdigen Wesen und ihrem herrlichen Humor die Stunden unseres Beisammenseins. Ich brauch bloß noch ins Auto zu steigen – ins Zugsberger-Auto! – und anzuschaffen. Wir haben viele schöne Stunden mitsammen erlebt.

Ich selbst aber sorge in dieser Vierergemeinschaft immer wieder einmal für Aufregung. Eines Abends waren wir wieder zu einer Lesung unterwegs und unserem Zielort schon recht nahe, als wir daraufkamen, daß die zwei Bücher, aus denen ich heute lesen mußte, nicht da waren! Meine Vorlesetasche war daheimgeblieben. Große Aufregung auf den Rücksitzen des Wagens, wo die beiden Frauen saßen. Ich kam nicht im geringsten aus der Ruhe, sondern weidete mich an der Verzweiflung unserer Begleiterinnen. Ich wußte schon, was ich tun würde. Am Ziel angekommen, trat ich in den Vortragssaal, in dem schon Besucher saßen, und sagte: „Liebe Landsleute, ich habe heute meine Bücher vergessen. Bitte, ist hier jemand anwesend, der „Unser Dorf" und „Unser Stubm" daheim hat?" – Im Nu hatte ich nicht weniger als vierzehn Exemplare dieser zwei Bücher auf meinem Tisch liegen.

Ein anderes Mal war ich zu einer Lesung nach Weyer im Ennstal geladen. Als wir dort auf dem Marktplatz ausstiegen, wurde meine Frau plötzlich blaß vor Entsetzen. Sie hatte meinen Anzug vergessen, und ich mußte in meiner saloppen Reisekleidung – zerknitterte Hose und billiger Janker – auftreten. Mir machte das wenig aus, aber meine Frau war unglücklich darüber. Noch dazu hatte ich am nächsten Tag bei einer festlichen Veranstaltung in Wallern bei Wels vorzutragen, ohne daß wir inzwischen heimkommen würden. Unser Freund Arnold half mir diesmals aus der Patsche. Er lieh mir seinen eleganten Rock, in dem ich freilich wie ‚in Sachen meines Vaters' aussah. Arnold ist von athletischem Körperbau und einen halben Kopf größer als ich. Ich schämte mich nicht, das tat meine Frau für mich.

Einmal las ich in Maishofen bei Zell am See. Es war um die Zeit des Nikolausfestes. Meine Frau und ich nächtigten im Haus der Veranstalterin. Ich trug der Jahreszeit entsprechend auf der Fahrt pelzgefütterte Stiefeletten. Für den Vortrag hatte ich elegante Halbschuhe mitgebracht. Na, und diese Halbschuhe zog ich nicht nur zum Vortrag, sondern auch am nächsten Morgen, als wir wieder heimfuhren, an. Meine Stiefel blieben unter dem Bett zurück. Daheim angekommen, ließen wir ein Schreiben an unsere Gastgeber los, aber schon am nächsten Tag erhielten wir ein Paket aus Maishofen, in dem sich die Stiefeletten befanden. Sie waren bis obenhin mit Lebkuchenkrampussen und -nikoläusen angefüllt. Manchmal lohnt sich auch Vergeßlichkeit.

Ich warne hiemit jedermann vor Hubertusmänteln! Sie haben zu wenig Individualität und werden häufig vertauscht! Einmal las ich im Stift Kremsmünster. Anschließend war ein Beisammensein im Gasthaus angeregt worden. Ich war einer der letzten, die gegen Mitternacht die Gaststube verließen. An der Garderobe hing nur noch ein grüner Hubertusmantel, wie ich einen mitgebracht hatte. Ich erkannte ihn aber sofort als nicht mir gehörig: Er war eher neuer als der meine, der verschwundene, aber um den Rücken zu knapp, und in der rechten Manteltasche steckten schwarze Lederhandschuhe statt der meinen, braunen. Trotzdem mußte ich mich einigermaßen schadlos halten, indem ich ihn mitnahm. Nach mehreren Telefonaten am nächsten Tag und auf Grund verschiedener Indizien wurde mir zur Gewißheit, daß der Gemeindearzt von Gaspoltshofen mit meinem Mantel durchgebrannt war. Er war, als ich ihn anrief, noch gar nicht daraufgekommen und ließ sich nur durch den Hinweis auf die eingestickten Initialen meines Namens von seinem Irrtum überzeugen.

Ja, die Hubertusmäntel, die haben es an sich! Denselben Mantel ließ ich nämlich nach einer Lesung im Pfarrsaal von Vöcklamarkt hängen. Ich kam erst darauf, als ich ihn nach der gasthäuslichen Nachfeier zur Heimfahrt anziehen wollte. An meinem Tisch im Gasthaus war auch ein junger Mann gesessen, sympathisch, fesch und lustig, mit dem ich mich besonders gut verstanden und unterhalten hatte. Der bot sich jetzt an, mir den Mantel zu verschaffen. Er fuhr mit dem Auto herum, suchte den

Mann zu finden, der angeblich einen Schlüssel zum Pfarrsaal hätte, und belästigte sogar den Herrn Pfarrer – um Mitternacht! Ohne Erfolg.

Als er wieder ins Gasthaus kam, bedankte ich mich lebhaft für seine Bemühungen. Die anderen Gäste an den Tischen warnten mich. „Professor, laß dich nicht mit dem ein! Der tut nichts gratis! Der ist Landmaschinenvertreter und hat sogar schon einem armen Häuslbauer mit ein paar Quadratmeter Garten einen dreischarigen Pflug angedreht! Jetzt ist er freundlich mit dir, aber paß auf: Morgen erscheint er mit einem Mähdrescher vor deiner Haustür, den du angeblich bestellt hast!"

Wirklich erschien der brave Landmaschinenvertreter aus Mösendorf am nächsten Tag vor meinem Haus in Braunau und brachte mir – meinen Mantel. Lieber Sixt Sepp, ich danke Dir!

Schaut aus, als ob ich ein vergeßlicher Mensch wäre. Naja, ein wenig stimmt's vielleicht. Regenschirme und Hüte leben gefährlich bei mir. Einmal hatte ich drei Hüte gleichzeitig irgendwo herumhängen in Gasthäusern, gleichmäßig über ganz Oberösterreich verteilt.

Aber davon sollte mein Aufsatz ja gar nicht handeln, sondern von den Abenteuern bei meiner Vortragstätigkeit. Das Vorlesen ist mein Beruf geworden. Es ist ein schöner Beruf! Ob vor dreihundert Zuhörern oder vor dreißig ist gar nicht so wichtig. Wichtig ist das Interesse der Menschen und das innige Einverständnis, das mir aus ihren hingegebenen Gesichtern entgegenstrahlt. Es ist ein schöner Beruf.

Das Jubiläum

Eines Tages erhielt ich vom Bürgermeister von Altmünster am Traunsee eine Einladung zu einem Jubiläum. Der dortige Ortspfarrer Dechant Josef Putz feiere ein mehrfaches Jubiläum: 70 Lebensjahre, 30 Jahre Priester, 20 Jahre Pfarrer in Altmünster. Wahrhaftig ein denkwürdiger Anlaß!

Der Bürgermeister kannte mich von mehreren Lesungen in der dortigen Landwirtschaftsschule und wußte, daß ich ein Maturakollege und Freund des Pfarrers war. So lud er mich zu den Feierlichkeiten ein.

Natürlich begannen diese mit einem festlichen Hochamt in der Pfarrkirche. Bei unserem Auszug aus dem Gotteshaus fiel mir zufällig ein Anschlag an der Kirchentür ins Auge. Auf dem Plakat stand auch ein Punkt 5) mit der Ankündigung „Ansprache von Professor Dr. Glechner".

Ich war einigermaßen überrascht und begann sofort in meinem Gedächtnis nach Denkwürdigkeiten und Gemeinsamkeiten mit dem Jubilar zu kramen. Es wäre mir schon lieb gewesen, wenn ich vorher etwas von der mir zugedachten Ehre gewußt hätte. Aber ich hatte ja noch Zeit, mich jetzt während des Festzuges zu dem nicht ganz nahen Gasthaus zu sammeln und mir einige Punkte zurechtzulegen.

Freilich, allzu sehr war die bunte Prozession nicht geeignet, viel Sammlung aufkommen zu lassen. Die Blechmusik spielte einen Marsch nach dem andern, festlich geschmückte Mädchen und Goldhaubenfrauen lenkten die Blicke auf sich, und neben mir gingen in lebhaften Gesprächen die Honoratioren der Gemeinde und des Klerus. Unmittelbar vor uns fuhr die Kutsche mit dem Jubilar und der Frau des Bürgermeisters.

Diese Kutsche ließ erst recht keine Sammlung in mir aufkommen. Ich behielt sie ständig angstvoll und oft mit angehaltenem Atem im Auge. Man hatte zwei Pferde ausgesucht, die wohl noch nie vor einem Wagen gegangen waren. Zwei herrliche Rösser, vermutlich Reitpferde! Nervöse Tiere, die auf dem kilometerlangen Weg nicht einen einzigen ordentlichen Schritt machten. Sie tanzten wie David vor der Bundeslade dem Gasthaus entgegen. Besonders das linke legte fast die ganze Strecke auf zwei Beinen zurück, auf den Hinterbeinen. Aber auch das nicht in abgemessenem Gang, sondern in kleinen Sprüngen und Sätzen. Mit den Vorderbeinen fuchtelte und angelte es ständig bedrohlich in der Luft herum, in gefährlicher Nähe des Kopfes des zweiten Pferdes. Ich war schon darauf gefaßt, daß es sich plötzlich mit einem Bein im Zügelzeug des Nachbarn verfangen könnte. Was dann geschehen würde, war nicht auszudenken.

Der Kutscher auf dem Bock suchte mit gestrafften Zügeln und verbissenem Blick sein dahinhüpfendes Gefährt zu lenken und wurde jedesmal blaß, wenn die Blechmusik einen neuen Marsch zu dröhnen begann. Hie und da, wenn die Pferde außer Kontrolle zu geraten drohten, sprang ein Mann von der Seite herzu, griff dem linken Pferd in den Zügel und zwang es zu zwei, drei ordentlichen Schritten.

Der Jubilar und die Frau Bürgermeister saßen eisern auf den Rücksitzen der Kutsche. Die Frau Bürgermeister krallte sich mutig in den Armlehnen fest, und auch der Herr Dechant überstand seine Jubiläumsfahrt in würdiger Haltung.

Freilich nicht die ganze. Auch die Selbstbeherrschung hoher und hochwürdiger Persönlichkeiten hat ihre Grenzen, ebenso wie das Verantwortungsbewußtsein von Kutschern und Pferdebesitzern. Man erkannte eine Weiterfahrt in dieser Form als zu gefährlich. Mit Mühe brachte man die edlen Rösser dazu, doch einmal eine Minute stillzustehen. In dieser Minute verließen die Ehrengäste fluchtartig die Kutsche und setzten den weiteren, nicht mehr sehr langen Weg zu Fuß zurück. Die Kutsche wurde aus dem Verkehr gezogen und verschwand in einer Seitengasse.

Der Fortgang des Festes ist nicht mehr erwähnenswert. Ich überstand die Tischrede so leidlich. Bei dem anschließenden Festessen hielt ich mich sogar ausgezeichnet.

Liebes Bundesrechenamt!

Der Schriftverkehr mit Behörden und Ämtern ist einer der wunden Punkte in meinem Leben. Ich bin schlampig und neige dazu, lästige Pflichten zu verschieben: Formulare auszufüllen, Bestätigungen einzuholen und an eine bestimmte Behörde zu schicken, einem Amt auch nur meine neue Anschrift bekanntzugeben, verursacht mir Kopfschmerzen. Nie komme ich etwa auf den Gedanken: Nein, das tu ich nicht! Aber ich verschiebe es und habe dann wochenlang ein schlechtes Gewissen. Ein wenig denke ich ja immer daran, aber es jetzt gleich zu machen, dazu kann ich mich nicht aufraffen.

Einmal sollte ich für das Bundesrechenamt in Wien, das mir doch nur Gutes tut – es überweist mir monatlich mein Gehalt! – irgend eine Bestätigung beibringen oder sonstwas dorthin mitteilen. Ich war freundlich dazu aufgefordert worden. Ich war nach vierzehn Tagen noch einmal höflich daran erinnert worden. Ich verschob es abermals. Schließlich erhielt ich ein „Mahnschreiben", eine „letzte Aufforderung" und einen Termin für die Erledigung gesetzt.

Ich hätte vorher genug Zeit gehabt, der Forderung des Bundesrechenamtes nachzukommen. Jetzt aber, da mir ein Termin gesetzt worden war, wurde mir die Zeit zu kurz. Ich mußte nämlich dafür noch eine Bestätigung von einem anderen Amt einholen.

Ich setzte mich also hin und schrieb einen rührenden Brief nach Wien, in dem ich ausgesucht höflich und demütig um einen neuerlichen Aufschub bat. In bewußter und berechnender Abweichung vom üblichen Kanzlei- und Behördenstil schrieb ich als Überschrift: „Liebes Bundesrechenamt!" Im weiteren Text redete ich mit ausgesuchten Worten und schriftstellerischer Raffinesse von Arbeitsüberlastung, familiären Verpflichtungen und gesundheitlichen Problemen.

Dieser Brief kostete mich mehr Zeit und Mühe, als die rechtzeitige Erledigung meiner Pflicht gefordert hätte. Aber er hatte eine wunderbare Wirkung. Schon am übernächsten Tag rief mich ein gewisser Herr Gangl, dessen Namen ich auf den Mahnschreiben unter der Rubrik „Ihr Sachbearbeiter" gelesen hatte, an und tröstete mich mit freundlichsten Worten in meinem Unglück. Er wünschte mir alles Gute für Leib und Seele und teilte mir mit, die Sache sei gar nicht so dringlich, wie sie auf dem Papier erscheine. Ich könne mir ruhig Zeit lassen, aber einmal müsse es dann doch sein.

Seine Stimme hatte einen fröhlichen, lustigen Klang, und wir kamen uns recht nahe, telefonisch. Es fehlte nicht viel, hätten wir einander das „Du" angetragen.

Liebes Bundesrechenamt! Seit dieser Episode mag ich Dich sehr. Du schickst mir jeden Monat pünktlich meine Pension. Solltest Du aber doch wieder einmal etwas von mir wollen, dann hab abermals Geduld mit mir! Ich bin immer noch derselbe

        Schlamphans.

Das Europäische Schwimmschaf

Durch das Bauerndorf Freiling, in dem ich meine ersten zehn Lebensjahre verbracht habe, fließt der Gurtenbach, ein munteres, kaltes Gewässer, in dem sich viele Bachforellen tummeln. Das Fischrecht besaß damals der Müller von Gurten, dessen Mühle und Haus aber eine halbe Gehstunde entfernt waren und der, wie uns Dorfbuben vorkam, nur mäßig an den Fischen interessiert war. Und da der Bach ganz dicht mit allerlei Bäumen und Gebüsch bestanden war, konnte man, vor den Blicken aus den Dorfhäusern geschützt, ungesehen vom Bachufer aus fischen. Die Angelruten wuchsen am Bachrand, eine dünne Schnur hatte man bald einmal im Hosensack, und Angelhaken gab es beim Krämer billig zu kaufen. So habe ich schon in früher Jugend meiner Jagdlust gefrönt und die Aufregung der verbotenen Heimlichkeit genossen und die Lust des Beutefangs gekostet.

So etwas gräbt sich tief ein, wenn es schon in früher Jugend geschieht. Und die Lust daran hat mich seitdem nie mehr verlassen. Mit nichts konnte mir später, als ich weit weg von dem Bach meiner Kindheit verschlagen worden war, eine größere Freude geschehen, als wenn mich jemand zum Angeln an einem Bach einlud.

Inzwischen war ich ein würdiger, erwachsener Mensch geworden, und die Freilinger Bachforellen begannen in meiner Erinnerung zu verblassen. Da bekam ich plötzlich die Gelegenheit, ein sehr nasses Schilf- und Wiesengelände zu erwerben, in dem mehrere Quellen entsprangen, sodaß das Wasser in etlichen Rinnsalen in ein nahes Bächlein ablief. Auf diesem Gelände legte ich mit erheblicher Mühe und einigen Kosten, aber vor allem mit riesiger Freude, mehrere Fischteiche an. Die Dämme und sonstige wasserfreie Flächen begrünte ich mit verschiedenen Gras- und Kleesorten.

Die Pflege solcher Fischteiche erfordert gar nicht wenig Arbeit. Vor allem war ich in der Folgezeit ständig damit beschäftigt, das Gras auf den Dämmen und Grünflächen kurzzuhalten und abzumähen. Das brachte mich auf den Gedanken, mir lebende Rasenmäher anzuschaffen, die mir diese Arbeit abnehmen würden. Außerdem ging es mir als einem gewesenen Bauernbuben heftig gegen den Strich, das schöne Futtergras wegzuschmeißen und zu vergeuden. Ich erwarb mir also Schafe, wie mir geraten worden war. Erstmals versuchte ich es mit Bergschafen, später stieg ich auf Schwarzkopfschafe um.

Schafe sind wasserscheu, hieß es allgemein, und geschickt und wendig. Es besteht keine Gefahr, daß sie in einem der Weiher ersaufen könnten. In Kürze konnte ich mich selbst davon überzeugen: Die Schafe grasten zwar den Pflanzenbewuchs bis zum Wasserspiegel ab, nie aber kam eines in Gefahr hineinzustürzen. Ja, als doch einmal zwei junge Lämmer am Teichufer übermütig herumtollten und einander spielerisch stießen, sprang eines von ihnen mit einem unbedachten Satz mitten ins Wasser. Aber im Nu hatte es das Ufer wieder erreicht und kletterte mühelos auf den Damm. Jetzt war ich beruhigt.

Umso enttäuschter und trauriger war ich, als ich eines Tages in einem kleineren Aufzuchtbecken mit einer steileren, mit Faschinen befestigten Uferböschung ein ertrunkenes Lamm fand. Das Tier tat mir leid, und es war auch mein Schaden, und sofort errichtete ich einen Zaun um dieses offenbar gefährliche Becken.

Das ertrunkene kleine Schaf bot einen häßlichen Anblick: Der Bauch war aufgedunsen, die Wolle von Schlamm verschmiert. In mir mischten sich Trauer und schlechtes Gewissen. Ich griff zur Schaufel und vergrub es in dem tiefgründigen moorigen Boden.

Ich war mir sehr wohl bewußt, daß das nicht den Gesetzen entsprach und daß es irgendwo eine amtliche Stelle gebe, wo man so etwas melden müsse. Aber ich schämte mich, mich danach zu erkundigen, und wählte die Methode, die ich bei meinen bäuerlichen Angehörigen von klein auf gesehen hatte. Wohl quälte mich dabei mein schlechtes Gewissen ein wenig, sodaß ich nur meine engsten Freunde von meinem Mißgeschick wissen ließ.

Eine Woche darauf erhielt ich einen sonderbaren Brief. Die Adresse war mit Bleistift geschrieben, in einer dünnen, langweiligen Schrift mit auffallenden Unterlängen der schrägliegenden Buchstaben, und zwar kurrent, in der sogenannten deutschen Schrift, wie sie schon damals nur alte Leute noch schrieben.

Ich öffnete den Brief und las:

Geehrter Herr Professor!

Ihnen ist ein Schaf ertrunken, warum tun sie das? Uns derbarmt die leidende Kreatur! Sagen sie nicht, das ist ja nur ein Schaf! Es mag aber auch gerne leben! Es ist gans einfach wie sie das machen könen! Sie müssen dort und da eine Stige in den Teich hinein bauen! Das die Schafe wieder herauskönen! Uns tut die leidende Kreatur leid!

Hochachtungsvoll!   Zwei Naturschützer.

Ich hatte den Brief knapp vor dem Mittagessen geöffnet. Er ärgerte mich während der ganzen Mahlzeit, sodaß ich mittendrin aufstand und ihn in den Ofen schob. Was bildeten sich diese zwei alten Esel ein! Ausgerechnet mich, den passionierten Naturkenner und Naturliebhaber, der ich in meinem Bewußtsein war, tadeln und belehren zu wollen! Da ich mir ja selbst wegen des Unglücks Vorwürfe machte, ärgerte mich diese unnötige Mahnung umso mehr. Diese zwei alten, vorsintflutlichen angeblichen Naturschützer! Der Teufel soll sie holen!

Mein Ärger wurde noch größer, als ich bald darauf einen Brief aus Regau erhielt. Absender: Tierkörperverwertungsanstalt Regau, Oberösterreich. Oho! dachte ich, was habe ich mit einer Kadaververwertungsanstalt zu tun? Ein wenig aber meldete sich sofort mein schlechtes Gewissen wegen des gesetzwidrig vergrabenen Schafes. Wirklich befanden sich in dem Brief zwei diesbezügliche Schriftstücke. Das eine, ein gedrucktes Merkblatt, enthielt den Hinweis auf die unbedingte Ablieferungspflicht verendeter Haustiere und zitierte die betreffenden Gesetzesparagraphen, das zweite war ein vorgedrucktes Formular, auf dem die Anzahl der abzuholenden Kadaver einzusetzen war, soviel Pferde, Rinder, Kälber, Schafe, Ziegen, Hunde usw. Anzugeben war auch, wann und wo diese abzuholen seien.

Ich kontrollierte alles genau: Es waren tatsächlich amtliche Formulare, und der Brief trug wahrhaftig den Poststempel von Regau.

Hatten die zwei verdammten Naturschützer wirklich die Tierkörperverwertung verständigt. Woher wußten sie überhaupt von meinem Mißgeschick? Hatte einer meiner Freunde nicht dichtgehalten?

Mein Ärger war beträchtlich. Ich beschloß zunächst auf keinen der Briefe zu reagieren.

Schon einen Tag später erhielt ich neuerlich ein unerkläriches Schreiben. Absender: Verband der Europäischen Schafzüchter, Brüssel. Der Generaldirektor dieses Verbandes sprach mir in einem ausführlichen Schreiben seine Genugtuung und Anerkennung für meine schafzüchterischen Erfolge, insbesondere in der Zucht des „Europäischen Schwimmschafes, auch Wasserschaf genannt", aus, und er und sein gesamtes Kuratorium baten mich eindringlichst um einen detaillierten Bericht über meine diesbezüglichen Methoden und Erfolge. Usw. usw.

Schon nach den ersten Zeilen erhellte sich meine Miene ein wenig, und es stieg der leise Verdacht in mir auf, dieser neuerliche, offensichtlich kuriose Brief habe vielleicht etwas mit den zwei früheren, dem der Naturschützer und dem aus Regau, zu tun. Gegen Ende des Anerkennungsschreibens aus Brüssel, das immer pathetischer und geschwollener wurde, war mir das endgültig klar. Als ich dann am Schluß die Titel und Unterschriften des Generaldirektors, seines Superadjutanten und eines Schaf-Oberbevollmächtigten entzifferte, entpuppten sie sich als die verschlüsselten Namen dreier guter Freunde: eines Tierarztes, eines Gymnasialdirektors und eines Ingenieurs.

Sie hatten dieses ganze Theater am Wirtshaustisch ausgeheckt und mich heimtückisch aufs Kreuz gelegt, diese Gauner! Und hatten dabei keine Mühe gescheut! Einem alten Großvater aus ihrem Bekanntenkreis diktierten sie den Naturschützerbrief, und das Kadaverschreiben haben sie tatsächlich im entfernten Regau aufgegeben.

Ich habe dann die ganze übermütige Gesellschaft zu einem Schafbratl in mein Haus geladen. Und erst, als wir mitten im besten Schmausen waren, habe ich ihnen verraten, daß ich das damalige, ersoffene Schaf keineswegs bei meinen Teichen beerdigt hätte, sondern daß sie eben dabei seien, es zu verspeisen. Guten Appetit!

Sie haben mir nicht geglaubt und haben mir nur die Knochen übriggelassen.

Schafsgedanken

An Schaf wannst tiaf in d Augn schaust
und siahgst, solangst áh schaust, koann Witz,
koa Liachtn und koann Geistesblitz,
kunnt sein, daßd dar dann z'sagn traust:
A Schaf is dumm ...

Und trotzdem is a Schaf vielleicht –
es redt halt net sovül wia mir
und kimmt uns wegn den dümmer vür –,
wann mas mit Menschenleit vergleicht,
ament nur stumm ...

Was zwischn Himmi is und Erd, wer wüll
des oiss scho wissn denn und kenna
und bei seinn richtign Nam hernenna?
O je! Áf Erdn gibts sovül,
wasd du net woaßt ...

Mir habm de Vicher oiwei scho verrissn
mit unsern dummen, billign Schmäh,
und übers Schafsvokabel „määh",
da habm mar gspott, weil mar net wissn,
was's hoaßt ...

Glechner-Fäns
Scherzo – F-Dur

Wann i so hie und da amal
mei Schafwoad richt und setz instand,
da werk i halt mit Stang und Schlögl,
mit Zang und Hackl umanand.

Da kemmant oiwei d Schaf glei zuawer
und müassnt s Werkzeig visitiern,
weil sa si halt für alls, wasd tuast
und ausbroatst, nárrisch intressiern.

Da kimmts oft vor, dáß mittn in Werka
der Geist áf oamal zu mir spricht;
da nimm i schnell a Zedl und schreib
an etla Zeiln von an Gedicht.

Des leg i nacher zu mein Werkzeig
und glei dráf han i's scho vergessn.
A Schaf bei meinn Papier?! – Iatzt hat
des Luader mei Gedicht zsammgfressn!

Du Krüppi! Du bist glei a Leich!
I han mi scho a bißl gschreckt.
Aft denk i mar: Is áh scho gleich!
Wer woaßs, hätts sunst wem a so gschmeckt!

Der Schaftorero

Zu meiner Kinderzeit spielten die Schafe auf den Bauernhöfen des Innviertels keine große Rolle mehr. Unsere Böden sind zu gut dafür. Der Ackerbau und die Milchwirtschaft bringen dem Bauern mehr. Trotzdem habe ich während meines Aufwachsens zu den wenigen Schafen, die wir gelegentlich hatten, eine lebhaftere Beziehung als zu unseren anderen Nutztieren gewonnen. Wahrscheinlich, weil Schafe in der Größe besser zu Kindern passen als Pferde und Kühe, und weil sie – es waren immer nur zwei, drei – frei herumlaufen durften – wie wir Kinder. Man konnte mit ihnen spielen, sie füttern, streicheln, ärgern und herumjagen.

Am besten erinnere ich mich noch an ein Schafstrio, das wir einige Jahre besaßen: einen Widder und zwei Mutterschafe, – „Lampen" sagte man dazu. Die zwei Schafsweiber, die Lampen, waren nie besonders zahm und zugänglich. Sie mochten unsere ständige Sekkiererei nicht. Aber der Widder! Der war schon als halbwüchsiges Böcklein ungemein anlehnungsbedürftig und handsam und suchte immer unsere Nähe. Er betrachtete uns offensichtlich als seine Artgenossen, so wie er halbwüchsige Schafböcke, und suchte ständig mit uns anzubandeln: zu schäkern, zu schieben, zu boxen und fangen zu spielen. Das Vergnügen war auf beiden Seiten.

Freilich, der Schafbock wurde immer größer und stärker und seine Spiele immer robuster und ernsthafter. Schließlich ging es ihm langsam mehr darum, sich seinen Rang in unserer Schafsgemeinschaft, in die er uns natürlich einbezog, zu erkämpfen und zu sichern. Seine Püffe und Stöße wurden immer ungebärdiger und kraftvoller.

Die Kleineren unter den Dorfkindern, vor allem die Mädchen, wollten von solchen Spielen nichts mehr wissen und gingen ihm aus dem Wege. Auch meine etwas älteren Schwestern, die schon Aufgaben im Haushalt übernommen hatten oder in der Landwirtschaft zugreifen mußten, fürchteten ihn. Oft hatten sie gerade irgend etwas zu tragen oder zu verrichten, sodaß sie sich nicht wehren konnten, wenn der Schafbock auf sie losging. Ich gehörte zu den wenigen, die ihn nicht fürchteten, ja es blieb weiterhin eine meiner Lieblingsbeschäftigungen, ihn zu ärgern und zu einem spielerischen Zweikampf herauszufordern. Es war nach den langweiligen Schulstunden ein vergnüglicher Zeitvertreib für uns beide.

Inzwischen war der Widder zu einem kräftigen erwachsenen Schafbock herangewachsen. Ich kannte sein Kampfritual, das immer in gleicher Weise ablief, genau. Zuerst mußte man sich ihm zuwenden und in leicht gebückter Haltung langsam und stockend auf ihn zugehen. Dabei reizte es seine Angriffslust, wenn man einmal kurz stehenblieb oder gar ein paar Schritte zurückwich. Das hielt er offenbar für Feigheit. Jetzt war er entschlossen, dem Feigling einen Denkzettel zu verpassen. Er legte die Ohren zurück, streckte die Zunge heraus und beleckte damit in auffälliger Weise sein Schafsmaul. Dann begann er langsam zurückzugehen, ohne sich umzuwenden, etwa zehn Schritt, mit dem Hinterteil voran, und behielt dabei seinen Gegner unverwandt scharf im Auge. Und immer wieder leckte er sich dabei die Lippen, als ob er schon Appetit auf mich hätte.

Wenn er dann glaubte, seine Anlaufstrecke sei jetzt so groß, daß er mit der höchstmöglichen Geschwindigkeit bei seinem Gegner ankommen werde, begann der eigentliche Angriff. Mit angelegten Ohren und seinem drohend vorgestreckten Schafskopf galoppierte er auf mich los. Es ist nicht jedermanns Sache, bei diesem Anblick stehen zu bleiben und auf den gewaltigen Anprall und Stoß zu warten. Kein Mensch könnte ihn schadlos überstehen.

Ich schon. Ich zehnjähriger Bub schon! Ich kannte meinen Bruder Schafbock genau. Wir waren sozusagen mitsammen groß geworden, und unsere Kampfmethoden waren in voller Übereinstimmung und vollem Gleichklang aufgewachsen. Natur gegen Natur, oder besser: Natur zu Natur. Jede Raffinesse des Jägers erzeugt eine Raffinesse des Gejagten. Und jede Schlauheit des Gejagten eine neuerliche Schlauheit des Jägers. Und so fort. Sogar das Unglück des Vielgefressenen belohnt diesen mit unendlicher Fruchtbarkeit. Das gilt sogar für das Gras.

Ohne jemals von den spanischen Stierkämpfern etwas gehört zu haben, war ich zu derselben Methode im Kampf mit einem viel

Stärkeren gekommen. Der Schafbock galoppierte in gewaltigen Sätzen auf mich zu. Das letzte Stück überwand er sogar mit einem Sprung durch die Luft. Das unmittelbare, erste Ziel so eines anspringenden Widders ist der vorgestreckte Kopf seines Widersachers, natürlicherweise eines anderen Widders. Das ist ihm so angeboren. Ich aber bot ihm nicht meinen Kopf zum Anprall, sondern meine seitlich vorgestreckte rechte Hand, wie gesagt ein Stück abseits von meinem Körper. Und gegen diese Hand, die ihm, zu seinem Ärger, keinen Widerstand bot, sprang er immer wieder an. Absolut verläßlich. Nie traf er meinen Körper. An diesem flog er immer wieder vorbei, mit gewaltigem Schwung. Er lernte es nie. Es ging nicht in seinen Schafskopf.

Wenn vielleicht jetzt einer meiner Leser auf den Gedanken kommen sollte, sich auch mit einem Schafwidder einzulassen, dann rate ich ihm, zur Verstärkung der optischen Signalwirkung der seitlich vorgestreckten Hand in diese noch ein flatterndes Taschentuch zu nehmen – wie der Torero das berühmte rote Tuch. Auf dieses Taschentuch wird der Widder losgehen.

Das Schafwidder-Kämpfen war mir ein beliebter Zeitvertreib geworden. Als mich eines Tages einer meiner Schulkameraden, ein gewisser Georg Mayr, besuchte, führte ich ihm mein Kunststück mehrmals vor. Da er eher kräftiger war als ich und einer unserer besten Schulturner, sagte er: „Was du kannst, das kann ich auch!"

Wirklich trat er an meiner Stelle an und machte den Widder auf sich aufmerksam. Das Schafbock leckte unternehmungslustig die Lippen, ging ein Stückchen rückwärts und stürmte dann in bedrohlichem Galopp auf ihn zu. Im letzten Moment verließ den lieben Georg der Mut. Er drehte sich um und lief davon. „Der Feigling!" dachte sich mein Schafbock und sprang dem Fliehenden mit vollem Schwung in den Rücken. Es gab zwar einen bösen Sturz, aber keine ernstliche Verletzung.

Ja ja, weder der spanische Stierkämpfer noch der bäuerliche Schafkämpferbub brauchen viel Kraft und Stärke, sondern nur Mut und Klugheit. Der Schafbock hat einen guten Kopf, der Mensch aber einen besseren.

Köpfchen
Capriccio – C-Dur

Ein Wandrer sitzt auf einer Bank
in einer Wiese. Gott sei Dank,
so denkt er sich, wie er ringsum
nur Vicher sieht, die stumm und dumm
die Welt anglotzen immerzu,
den Ziegenbock, das Schaf, die Kuh,
wie herrlich er sich unterscheidet
vom Schaf, das immer Gras abweidet,
vom Ziegenbock, dem armen Tropf,
durch seinen überlegnen Kopf.

Inzwischen scheint die Sonne nieder,
der stolze Mensch wird immer müder;
er schließt das Aug, sein Kopf, der nickt,
bis ihn der Ziegenbock erblickt.
Und dieser hat sich gleich gesagt:
Na, endlich einer, der es wagt
im Wettstreit seinen Kopf zu messen!
Und froh bewegt geht er indessen
zehn Schritt zurück und im Galopp
springt er dem Wandrer an den Kopp.
Der Mensch jedoch, der hat genuch
und einen Schädelbasisbruch.
Der Goaßbock spricht: Gel, Herr Professor,
iazt siahgst as selm: Mei Kopf is besser!

Von Hinterindien zur Wüste Gobi

Ein Wunschtraum meines Lebens ging mir in Erfüllung, als sich mir die Möglichkeit bot, ein eigenes Fischwasser zu erwerben: Ein Bächlein am Rande der Inn-Auen, nordöstlich von Braunau, und ein anschließendes Schilfgelände mit vielen sprudelnden Quellen. Es war eine berauschend schöne, unberührte Wildnis von tropischer Fruchtbarkeit. Wogende Schilfgürtel, durchsetzt von allerlei Strauch- und Buschwerk, unterbrochen von den üppigen Riesenblättern und den violetten Kerzen der Pestwurz, Brennesseln und Goldnesseln, Erlen und Hasel, leuchtende Weidenröschen und tausenderlei andere Gewächse. Ich war selig und fühlte mich in den Dschungel Hinterindiens versetzt.

Auf einem Teil des Geländes legte ich Fischteiche an, Forellenweiher. Wenn vorher alles Sumpf gewesen war, nasse, bei jedem Schritt glucksende Moorwiese, so schied ich jetzt, wie Gott am Anfang der Erdschöpfung, das Wasser vom Land. Ich wies dem Wasser seinen Platz zu und zwang es in Teiche, während ich andere Stellen wieder in trockenes Land verwandelte.

Um der weiterhin üppig wuchernden Wildnis doch ein wenig die Zügel anzulegen und bei der Betreuung der Teiche nicht ständig im kniehohen, nassen Kraut herumwaten zu müssen, griff ich immer öfter zur Sense, und eines Tages legte ich mir Schafe zu, die mir die Arbeitsflächen kurzhalten sollten.

Sie taten es. Sie taten es ausgiebig und gründlich. Junges Schilf ist ihre Leibspeise. Sie rotteten es aus. Sie fraßen alles. Jede Art von Gras und Kraut. Je seltener eine schöne Blume oder Blüte war, umso lieber fraßen sie sie. Sie mochten auch die Blätter der Sträucher und das Laub der Bäume. Auf den Hinterbeinen stehend angelten sie mit ihren langen Hälsen alles Grüne in ihre dicken Wampen. Und kein neu angeflogenes junges Bäumchen ließen sie höher als fünf Zentimeter werden.

Mir wurde ganz klar, warum die drei einst herrlich fruchtbaren Halbinselns Südeuropas heute beinahe Wüsten geworden sind:

Spanien, Italien, Griechenland. Die Schafe – und die Ziegen – haben sie auf dem Gewissen! Wenn ich so auf Griechenlandreisen überall Schafherden den peloponnesischen Bergen zu Leibe rücken sehe, dann weiß ich, daß dort nie mehr ein Baum aufkommen wird. Ich glaube nicht an die Legende, die tausendjährige Seefahrt, der Schiffbau, habe diese Länder verwüstet. Nein, die Schafe und die Ziegen haben dort viele Jahrtausende lang gründliche Arbeit geleistet.

Ich habe das historische Experiment im Kleinen nachvollzogen: Meine paar Schafe haben in wenigen Monaten aus meiner üppigen hinterindischen Tropenwildnis eine magere, trockene, langweilige Wüste Gobi gemacht.

Unser Goaßi

I han inn Wasserdobi drunt
a Fleckerl kauft: an Freizeitgrund.
A Hütterl und a Bánkerl stehnt
in Gras. Für uns zun Wochnend.

An Samsta und an Sunnda nachern,
da sitz mar in der Sunn und machan,
was uns halt gfreit. Und rundum blüaht
und treibt und wachst oiss. Und as wird
vo Tag zu Tag nuh schener. Grad
daß ma koa Vicherl habm, is schad!

Des kunnt da umananderlaufm,
häd gnua zun Fressn und zun Saufm
und kunnt, wár s Weder net recht schen,
bei unsern Hüttl ünterstehn.

        *

Iazt habm mar oans, zu unsern Gspoaß!
Dreimal derfst ratn! – As is a Goaß!
So liab is de, du glaubst as net,
de Resigoaß! Mir hán ganz bled
vor lauter Freid! Da muaßt grad schaun:
De Resi, de is schwarz und braun
und nárrisch záhm! Und wias mi mag!
s Brout frißts mar ausn Hosnsack!

So flink und kloa is unser Goaßi,
so übermüadi und so gspoaßi!
Es gibt wia r unser Goaßi-Schoaßi
nix Liabers áf der Welt, des woaß i!

        *

Des Goaßi, des is heint a Goaß!
Und i bi nimmer gar so hoaß
áfs Goaßnluader des verreckt:
De ganzn Bleami habmt eahm gschmeckt!
Statt daß́s a Gras fráß und an Klee,
hats oiwei d Háxn a der Heh,
kreilt wia r an Aff schier áfn Bám
und frißt de ganzn Bláttl zsamm.
Oiss mags, an denst a Freid ghabt hast,
sogar den giftigen Seidlbast.
Koann Strauch, koa Staudan hats vergessn,
zun Schluß hats sogar d Bám angfressn.

Seitdem steht unser Wasserdobi
in Grundbuach drinn als „Wüste Gobi".

Fasanenküken

Mein Leben lang bin ich ein Liebhaber der Natur gewesen. Eine besondere Vorliebe hatte ich von klein auf für die Tiere, freilich in der Form und in dem Grad, wie ein Bauernbub, ein Landmensch, zu den Tieren steht. Diejenigen von ihnen, die dem Bauern als Nutztiere dienen, werden ohne Sentimentalität gehalten und betreut, wie mehr oder minder wertvolle Besitztümer. Eine liebevolle Beziehung entwickelt man nur gelegentlich zu einzelnen, wenn es der Zufall oder irgendwelche Umstände mit sich bringen. Nicht einmal Hunde oder Katzen wurden irgendwie als Familienmitglieder empfunden, sondern nach ihrem Nutzen als Wächter und Mäusefänger eingestuft. Ja, ich muß es offen gestehen, ich habe schon als Bub ungerührt beim Schweineschlachten zugeschaut und eigenhändig so manchem Hahn mit dem Beil den Kopf abgeschlagen, auf dem Hackstock, auf dem sonst das Holz gekloben wurde.

Und trotzdem bilde ich mir ein, ein besonderer Tierfreund zu sein. Ich muß sie aber nicht unbedingt streicheln, ich mag sie betrachten und bewundern und mich in sie hineindenken. Und ich will möglichst viel von ihnen wissen. Noch heute lasse ich im Fernsehprogramm kaum einmal eine Tiersendung ungesehen verstreichen.

Am ehesten entwickelte man unter Bauersleuten eine emotionale Beziehung zu Jungtieren. Junge Fohlen und Kälber, mehr noch die Kinder von Schafen und Ziegen galten als niedlich und lieb. Noch mehr natürlich junge Kätzchen und Kaninchen sowie Hühner- und Entenküken.

Die größte Zuneigung genossen aber die Jungen von Wildtieren, die zufällig in unsere Obhut gelangten.

Oft wurde bei der Heumahd oder bei der Getreideernte das Gelege einer Fasanenhenne ausgemäht. Damals wurde noch die gesamte Frucht mit der Sense geschnitten. Meistens ließ man dann in kleinem Umkreis um das Nest das Gras oder Getreide stehen, damit die Henne weiterhin geschützt und gedeckt ihr

Brutgeschäft fortsetzen könne. Oft stellten wir nach Tagen fest, daß sie das Nest nicht mehr angenommen hatte und die angebrüteten Eier verdorben waren.

Deshalb nahmen wir uns manchmal die Mühe, die Eier heimzutragen und eine brütige Haushenne draufzusetzen. Meistens ging das gut, die Fasanenküken „fielen aus": überaus zierliche, flinke und bewegliche Küken, von den Jungen der Haushühner fast nur durch ihre Kleinheit verschieden. Sie brauchten unsere besondere Zuwendung. Im sogenannten Rübengewölbe, das im Sommer leerstand, hatten sie ihren von den Haushühnern getrennten Platz. Dort wurden sie in ihren ersten Lebenstagen gehegt und gefüttert. Die Bruthenne hielt sie für ihre eigenen Kinder und betreute sie mütterlich. Als Futter setzten wir ihnen, wie frischgeschlüpften Haushuhnküken, hartgesottene Eier, klein gehackt, und zerbröselten Topfen vor. Auch afteres Getreide, unter dem sich viele Unkrautsamen befanden. Besondere Leckerbissen waren für sie aber Ameisenpuppen, die wir aus den Erdhaufen der roten und der schwarzen Wiesenameisen herbeischafften.

Nach einigen Tagen ließen wir, bei schönem Wetter, die ganze Brut zum ersten Mal ins Freie. Glückselig piepsten und pickten sie in der warmen Sonne herum. Wie Haushuhnküken verstanden sie den Stimmfühlungslaut der Glucke und blieben so halbwegs bei ihr.

Von da an durften sie jeden Tag zu ihrem Ausflug ins Freie. Freilich bestimmte nicht die Mutter die Richtung der kleinen Erkundungsfahrt und Überlandreise, die sie jeweils antraten, sondern die Küken waren immer ein Stück voraus. Der Alten blieb nichts anderes übrig, als ihnen langsam zu folgen.

Bei den ersten Ausflügen dieser Art beobachtete ich sie aus geringer Entfernung und ging in einem gewissen Abstand mit. Ich hatte die heimliche Angst, sie würden zuviel Gefallen an der freien Natur finden und nicht mehr in den Stall zurückwollen. Aber die Sorge war zunächst unbegründet. Wenn sie so im Gras dahinsuchten und herumpickten, konnte man oft wirklich meinen, die ganze Schar habe sich davongemacht und sei für immer verschwunden. Nur die Henne war noch zu sehen. Dann aber war auf einmal ein unbebautes Ackerstück oder ein breiterer Fahrweg zu überwinden. Da tauchten sie wieder auf und huschten flink über die offene Fläche. Bei diesen Gelegenheiten versuchte ich immer sie zu zählen. Es gelang mir nie. Aber mit der Zeit kam ich darauf: Wenn es mir gelang, sechs, sieben mit schnellem Blick zu erhaschen, dann waren gewiß alle dreizehn noch da.

Eine ordentliche Haushenne geht bei den ersten Anzeichen der Dämmerung heim. Nicht meine Fasanenschar. Ich mußte sie gewöhnlich holen. Oft versuchten die Kinder auch, ihre Mutter zu überreden, draußen im Grünen zu übernachten. Sie schloffen unter ihren Bauch und piepsten schläfrig. Das verleitete die brave Ziehmutter gelegentlich, ihre Bauchfedern und Flügel zu spreizen und sich auf die Kinder zu setzen.

Das konnten wir Menschen nicht dulden. Wir fürchteten den Fuchs und andere Gefahren der Nacht. Ich ging also los, die Ausreißerschar zu suchen. Meist fand ich sie bald, zwar in irgendeinem grünen Dickicht, aber immer in der Nähe des Hofes.

Ich trieb sie heim, langsam und behutsam, damit keines den Anschluß versäume. Es genügte, daß ich dabei die Henne vor mir hertrieb. Von den Kleinen sah ich oft nicht viel. Erst wenn der Pflanzenbewuchs aufhörte und in Hofnähe die kahlen Fahr- und Arbeitsflächen begannen, lösten sie sich aus dem Gras und huschten zusammen mit der Mutter beim Hoftor hinein.

Jeden Tag machte, wie schon gesagt, die Hühnermutter ihren Ausflug mit den Kleinen. Die Touren wurden immer größer und weiter. Oft erschienen sie erst gegen Abend wieder in der Nähe des Hofes. Eine Woche lang blieb die Schar vollzählig, dann fehlte zum ersten Mal eines. War es irgendwo verunglückt? Oder hatte es sich der Marder oder das Wiesel geholt? Man wußte es nicht.

Mit der Zeit waren die Jungfasanen keine Küken mehr, sondern halbwüchsige Fasanhendl. Man konnte die Hähne schon von den Hennen unterscheiden. Ihre Schwanzfedern färbten sich rötlich. Sie wollten jetzt auch nicht mehr in ihrem Stall schlafen, sondern ehe man sich's versah, flatterten sie auf die Hollerstaude neben dem Hühnerstall und verbrachten dort oben die Nacht.

Zu unserem Leidwesen kam immer öfter eines vom Tagesausflug nicht zurück. Aber eigentlich war das ja so vorgesehen. Sie waren selbständig geworden und konnten sich allein fortbringen.

Schließlich waren es nur noch drei, die auf der Hollerstaude übernachteten. Diese drei wollte sich ein Bekannter von uns, ein Jäger, abholen und in einem Gehege großziehen. Gerade an dem Tag, als er sie einfangen und wegbringen wollte, erschienen auch sie nicht mehr auf ihrem Schlafbaum.

In dem folgenden Jahr erfreuten uns im Sommer besonders viele Fasane mit ihrem lebenslustigen Krähen.

Entenkinder

Ich hatte in Reikersdorf bei Braunau einen sehr nassen Wiesenstreifen erworben und darauf Fischweiher angelegt. Auch eine romantische Hütte hatte ich erbaut. Dort verbrachte ich viele Stunden meiner Freizeit.

Einmal entdeckte ich im üppigen Uferbewuchs eines Teiches in ziemlicher Nähe der Hütte eine brütende Wildente, ein Stockentenweibchen. Sie duckte sich, sooft ich in der Nähe vorbeiging, unbeweglich in ihr Nest, und ich achtete darauf, sie bei ihrem Brutgeschäft nicht zu stören.

Eines Tages, als ich wieder zu den Weihern kam – ich war am Vortag nicht dort gewesen –, hörte ich ein leises, aber andauerndes jämmerliches Piepsen. Ich ging den Tönen nach und entdeckte in dem betonierten Aufzuchtbecken für die Forellenbrut drei ganz junge Wildentenküken. Die Mutter hatte ihre Kinder offenbar an dem Becken vorbeigeführt, und einige waren durch die Maschen des absperrenden Drahtgitters geschlüpft. Drei waren obendrein in das Wasser gesprungen und konnten jetzt nicht mehr heraus. Ihre Mutter war wohl, wahrscheinlich schon gestern, stundenlang ratlos außerhalb des Zaunes herumgeirrt und hatte sie unablässig gelockt. Dann hatte sie wohl die drei für verloren erachtet und mit den anderen Kindern das Weite gesucht.

Ich schaute zum Nest meiner Brutente. Wirklich war es leer, nur zerbrochene Eierschalen lagen in der Nähe. Den Rest des Nachmittags wartete ich noch auf die Rückkehr der Entenmutter, dann aber fing ich mit einem Fischkescher die Küken aus dem Wasserbassin. Sie waren gar nicht so leicht zu erwischen.

Ich brachte sie heim und übergab sie meiner Tochter Regina, einer begeisterten und sehr versierten Tierfreundin. Sie nahm sich gerne um sie an, und sie wuchsen bei uns wie Hausenten auf. Sie wurden auch genau so zahm wie diese und zeigten keine Scheu vor den Menschen. Diese ihre Eigenschaft ist es ja auch gewesen, die die Stockente schon vor vielen Jahrhunderten zur Hausente werden ließ. Unsere europäische Hausente ist nichts anderes als die domestizierte Stockente.

Glücklicherweise hatte es sich gefügt, daß zwei von den drei Küken weibliche Tiere waren, das dritte ein Erpel. Dieser hielt, als die drei herangewachsen waren, nichts von der sonst bei Stockenten geltenden Einehe, sondern nahm beide zu seinen Frauen. Im Frühjahr legten sie Eier, aber keine schickte sich an, sie zu bebrüten. Regina lieh sich einen Brutapparat aus. Mit Eifer, Sachkenntnis und Gewissenhaftigkeit lenkte sie den Brutvorgang. Sie überwachte die Temperatur, wendete die Eier regelmäßig und netzte sie von Zeit zu Zeit. Und wirklich, das Ergebnis war staunenswert: Alle dreizehn fielen aus!

Regina betätigte sich als Hebamme, befreite die Embryonen von anhaftenden Eierschalen und betreute die frisch geschlüpften Küken von Anfang an. Wenngleich wir durch die Bücher von Konrad Lorenz schon von dem Phänomen der „Prägung" wußten, waren wir immer wieder gerührt, wie eisern und unbeirrbar die Kleinen für alle Zukunft Regina als ihre Mutter betrachteten und ihr auf Schritt und Tritt überallhin folgen wollten.

In den ersten Tagen hielten wir sie in einem kreisrunden, geflochtenen Korb („Schäubkorb") in unserer Bauernstube. Sie fanden sich gleich recht gut in ihre Rolle, nahmen das Futter an, das wir ihnen vorsetzten, und planschten vergnügt in der Wasserschüssel, einer ausrangierten viereckigen Bratenreine. Sie waren eigentlich problemlos zu halten.

An den nächsten sonnigen Tagen durften sie ins Freie, in unseren Garten. Das ziemlich ungepflegte Gras gefiel ihnen. Sogleich begannen sie nach Insekten zu haschen und nahmen den Garten bis ins letzte Eckchen in Besitz.

Sie wuchsen sehr schnell, sodaß wir sie nach wenigen Tagen aus der Wohnstube aussiedeln konnten. Sie bekamen ihren Platz in einem geräumigen Hasenstall, der mit einem eingefriedeten Auslauf verbunden war. Dieser Hasenstall blieb dann für dauernd ihr Nachtquartier. Untertags bewirtschafteten sie ja den Garten.

Noch nach Monaten hatten sie aber ihre alte Unterkunft in unserer Bauernstube nicht vergessen. Wenn jemand die sogenannte „Sommertür", die vom Garten durch eine gedeckte Terrasse direkt in unseren Wohnraum führt, offen ließ, fiel ihnen das sofort auf. Gleich machten sie sich auf und watschelten in geschlossenem Zug bei der Stubentür herein. Und gerade an der Stelle, wo seinerzeit der Schäubkorb, ihr Babyhort, gestanden war, lagerten sie sich in kreisrunder Formation auf dem Stubenboden, steckten die Schnäbel unter ihre Flügel und machten ein Nickerchen.

Wir haben viel Freude mit ihnen erlebt, obwohl sie aus unserem so leidlich gepflegten Obst-, Blumen- und Gemüsegarten einen schmierigen Entenhof gemacht haben. Das Gras war, wo überhaupt noch eines wuchs, säuberlich niedergewalzt; glattgetretene, schmutzige Ödflächen breiteten sich aus. Zusätzliche halbhohe Zäune mußten gespannt werden, damit wir noch irgendwo ein wenig Gemüse und Blumen ziehen konnten. Freilich das wenige, für das noch Platz war, gedieh hervorragend. Es geschah das erste Mal in der Geschichte unserer Gartenkultur, daß uns die Schnecken unsere Ernte so halbwegs ungeschmälert überließen. Keine Schnecke fand Gnade vor den gierigen Schnäbeln der Enten. Sogar die in den Schneckenhäusern verbarrikadierten wurden immer wieder und so lange in den Schnäbeln herumjongliert und geriffelt und gequetscht, bis das Schneckenhaus zerbrach und in diesem zerdrückten Zustand samt der Schnecke geschluckt werden konnte.

Den ersten zwanghaften Eingriff in die Entwicklung unseres Wildentenvolkes nahmen wir vor, als die Enten ihre ersten Flugversuche machten. Immer öfter flatterten dann und wann einige hoch und gelangten über den Zaun in die Nachbargärten. Das konnte nicht angehen. Wir griffen also zur Schere und stutzten ihnen die Schwingen. Trotzdem hatten wir nicht vor, sie zu Hausenten zu machen und für dauernd an unseren Garten zu binden.

In dem folgenden Winter, dem ersten, den unsere Entenschar erlebte, stellte sich einmal besonders harter Frost ein. Den Enten wäre es zwar in ihrem Hasenstall durchaus nicht zu kalt geworden, es ergab sich jedoch eine andere Schwierigkeit: Enten brauchen zum Fressen immer auch Wasser. In der Freiheit fliegen sie einfach zu einem eisfreien Bach. Hier aber, in ihrem seitlich nur mit einem Drahtgitter abgeschlossenen

Hasenstall, fror das Trinkwasser in wenigen Minuten zu Eis. Ihren Durst konnten sie zwar vor dem Einfrieren gerade noch schnell stillen, aber Enten wollen immer wieder einen Schluck nehmen und auch ein wenig im Wasser planschen und sich waschen. Was sollten wir tun?

Es fand sich ein Weg. Wir trieben die folgsame Entenschar bei der Haustür hinein und über die Kellerstiege hinunter. Sie sind gelehrig und merken gleich, was man will. Angefaßt und getragen werden wollten sie nicht.

Ein Kellerabteil richteten wir als Entenstube ein. Da standen jetzt ein langer Futterbarn und eine große flache Tränkschüssel. Als aber der strenge Frost länger dauerte, mußten wir auch für eine Badegelegenheit sorgen. Wir ließen einfach in unserem Badezimmer die Badewanne vollaufen. Ich hob die Badezimmertür aus den Angeln und legte sie vom Türeingang aus schräg gegen die Badewanne. Und dann trieben wir die Enten über die Kellerstiege hinauf und in unser Badezimmer. Sogleich bestiegen sie die schrägliegende Fläche der Tür, watschelten hinauf und sprangen ins Wasser. Wie ließen sie ein halbes Stündchen baden. Es war eine Freude, ihnen zuzusehen, wie sie herumtollten, tauchten und alle Wände mit Wasser besspritzten. Zum Schluß trieben wir sie ohne Schwierigkeiten wieder in den Keller.

Diese Prozedur wiederholten wir jeden zweiten Tag. Und natürlich machten wir von dem doch recht ungewöhnlichen Abenteuer auch Fotoaufnahmen. Solche Aufnahmen und die ganze Affäre gelangte auch einem Kolumnisten der Rieder Zeitung zu Ohren und zu Gesicht. Tatsächlich erschien eine lustige Bildreportage darüber in der Rieder Zeitung. So gelangten unsere Enten auch in die Presse, ohne daß man deshalb von „Zeitungsenten" reden könnte.

Aus den Erfahrungen von Mitmenschen wußten wir, daß solche in der ersten Generation domestizierte Stockenten gewöhnlich nur bis zur Geschlechtsreife freiwillig beim Menschen bleiben. Zur Zeit der Pärchenbildung verschwinden sie allmählich. So geschah es auch mit unserem lieben Entenvolk. Als sie voll erwachsen waren, beschnitten wir ihnen die Flügel nicht mehr.

Mit Wehmut sahen wir zu, wenn immer wieder einmal ein kleiner Trupp aufflog und pfeilschnell über den Bäumen verschwand. Umso mehr freuten wir uns, wenn sie Stunden später wieder erschienen und in steilem Sturzflug unseren Garten anflogen.

Manchmal hatte eine einen wildlebenden Partner mitgebracht, der nur widerstrebend unseren Garten annahm. Ängstlich, mit gestrecktem Hals, beobachtete der wilde Erpel die Umgebung. Sobald ein Mensch aus dem Haus trat, flog er auf – und die gezähmte Partnerin hinterdrein.

Auf diese Weise kamen wir langsam um alle unsere Enten. Regina, ihre zärtliche Ziehmutter, trauerte nicht wenig um sie. Ich, ihr barbarischer Vater von bäuerlicher Abkunft, sah sie zwar auch mit Wehmut verschwinden. Ich hatte aber keinen so engen Kontakt mit ihnen gehabt wie meine Tochter und hätte mir unsere Enten durchaus auch in gebratenem Zustand vorstellen können. Wenigstens einige von ihnen. Aber ich traute mir diese meine brutale Überlegung nicht einmal andeutungsweise vorzubringen. Regina wäre entsetzt gewesen. So entartete Kinder habe ich.

Der Rehbock Hansi

Im Mai des Jahres 1945 wurde Oberösterreich vom amerikanischen Militär besetzt. Auch meine Heimatgemeinde Lambrechten im Innviertel. Die amerikanischen Soldaten saßen schokoladefressend und kaugummikauend in ihren Stützpunkten herum und langweilten sich. Zur Abwechslung gingen sie zwischen zwei Mahlzeiten auch einmal in die Landschaft hinaus und schossen mit ihren automatischen Gewehren auf Hasen und Rehe, nur so zum Spaß.

In diesen Tagen kam einmal ein vagabundierender Mann, wahrscheinlich ein abgerüsteter deutscher Soldat, in mein Elternhaus, einen einsam gelegenen Bauernhof. Er trug ein ganz kleines Rehkitz auf dem Arm. Er habe es neben dem Weg gefunden, es habe nicht einmal davonzulaufen versucht, als er es aufhob. Ob wir es nicht haben wollten? Was sollte er auch damit anfangen? Er war froh, eine Mahlzeit dafür zu bekommen.

Natürlich nahmen wir es ihm ab. Es war sicher ein verwaistes Kitz, die Amis hatten seine Mutter erschossen. Sie kümmerten sich ja um keine Schonzeit.

Das junge Reh war ein Böcklein, sicher erst kaum eine Woche alt und von Hunger und Durst erschöpft. Wir polsterten ihm einen Schäubkorb mit weichem Heu aus und betteten es hinein. Den Korb stellten wir in die Wohnstube.

Ich war vor kurzem vom Krieg heimgekommen und hatte keine feste Funktion in unserem bäuerlichen Betrieb. Überdies hatten wir das Haus voller Flüchtlinge, die alle zur Mitarbeit in der Landwirtschaft herangezogen werden wollten. Wir hatten also ausnahmsweise einmal mehr Arbeiter als Arbeit.

Mir als dem Studenten, der im Herbst auf die Universität gehen sollte und inzwischen nicht viel zu tun hatte, fiel wie von selbst die Betreuung des armen Rehkindes zu. Ich tat es gerne und mit großem Interesse.

Am ersten Tag war es so schwach, daß es nur noch schlafen – und wahrscheinlich sterben – wollte. Ich hockte stundenlang vor ihm auf dem Boden, tränkte ein Leinentüchlein mit warmer gewässerter Kuhmilch und benetzte ihm damit immer wieder das Mäulchen. Mehr aus dem Bestreben, das Mäulchen trocken zu bekommen, als aus Hunger, leckte es die Milchreste von den Lippen. Doch wurden die Leck- und Schluckbewegungen langsam lebhafter. Schließlich, ich glaube, am zweiten Tag, begann es hie und da an dem milchgetränkten Lappen zu lutschen. Ja bald war sein Appetit darauf unübersehbar, und wir verbrauchten bei einer Fütterung ein ganzes kleines Haferl Milch.

Ich versuchte es jetzt mit einer Flasche und einem Babysauger aus Gummi. Damit hatte ich aber kein Glück. Das Böcklein schob mit der Zunge den Sauger sofort aus dem Maul. Ich arbeitete wieder mit dem getränkten Lappen. Den hielt ich aber ganz knapp über der flachen Milchschüssel, sodaß das Böcklein bisweilen mit seinem Schnäuzchen ein wenig in die Milch tunkte. Manchmal schien es das sogar absichtlich zu tun. Dabei konnte es nicht ausbleiben, daß es hie und da einen Schluck direkt aus der Schüssel erwischte. Es verschluckte sich zwar jedesmal, aber es schien ihm zu schmecken. Immerhin überstand es die ersten zwei Tage lebend.

Auf meiner Suche nach kräftigerer Kost als gewässerter Kuhmilch stieß ich auf eine große Blechdose voll Zwieback, der damals aus amerikanischen Armeebeständen unter die Bevölkerung gelangte. Es waren staubtrockene, ungesüßte Kekse. Ich weichte immer ein Stück davon in warmer Milch auf, umfaßte mit der linken Hand den Unterkiefer des Rehböckleins, sodaß sich die Mundspalte öffnete, und schob ihm mit der Rechten das Stück ins Maul. Die Hälfte kam wieder heraus, die andere Hälfte wurde geschluckt. Mit Engelsgeduld und immer größerem Erfolg wiederholte ich diese Fütterung tagelang.

Um es kurz zu machen: Unser Rehböcklein lernte allmählich selber aus der Schüssel zu trinken und die darin aufgeweichten Kekse aufzunehmen. Dabei mußte man die Milchschüssel auf den Boden stellen und mit beiden Händen festhalten. Der Hansi war nämlich ein ungestümer Säufer und stieß während des Trinkens immer wieder heftig gegen die Schüssel, als sei er am Gesäuge seiner Mutter.

Ja! Auch dieses unser Rehböcklein hieß wieder Hansi. Wie von selbst hängte sich bei uns dieser Name an alle Tierlieblinge, die wir aufzogen. Schon meine zahme Dohle hatte seinerzeit Hansi geheißen, und auch meinen Goldhamster hatten alle im Haus Hansi gerufen, auch wenn ich ihn offiziell auf den Namen Nabuchodonosor getauft hatte. Und jetzt hieß auch der Rehbock wieder Hansi. Es wäre für ihn eine Benachteiligung gegenüber meinen früheren Lieblingen gewesen, wenn wir ihn anders genannt hätten.

Ich machte für den Hansi ein kleines Freigehege im unmittelbaren Anschluß an unseren Wurzgarten. Dort hatte er Sonne, aber auch den Schatten eines Zwetschkenbaumes und der üppigen Ribiselstauden. Oft hockte ich bei ihm und sah ihm zu. Eines Tages bemerkte ich zum ersten Mal, daß er Grünes äste. Er pflückte sich ein Blatt von den roten Ribiseln und verspeiste es. Von da an zupfte er immer wieder einmal Gräser und Klee aus der Wiese und Blätter von den Sträuchern. Daneben erhielt er für dauernd seine nahrhafte Milchsuppe mit Zwieback-keksen.

Damit hatten wir gewonnen. Der Hansi wuchs und war gesund und munter. Er war völlig zahm und hatte keine Scheu vor den Menschen, besonders nicht vor mir. Aber er war noch nie ohne Absicherung im Freien gewesen. Würde er vielleicht doch davonlaufen?

Ich kaufte dem Hansi ein schönes Lederhalsband und führte ihn so ins Freie – an der Leine wie einen Hund. Er aber wollte herumtollen. Die Leine hinderte ihn. So vertauschte ich die Hundeleine mit einer langen Schnur. Jetzt konnte er sich recht frei bewegen. Obwohl er sicher nicht mehr spürte, daß er angehängt war, dachte er nicht daran wegzulaufen.

Ich hatte es nicht anders erwartet und band ihn endgültig von der Schnur los. Der Hansi war frei – wie jedes andere Reh auf den Feldern. Freilich wagte ich es zunächst nicht, ihn dabei ganz allein zu lassen. Immer, wenn er ins Freie durfte, war ich dabei.

Einmal ging er mir gar zu weit von unserer Hofstatt weg. Ich blieb immer ein Stück zurück und setzte mich, während er äste, ins Gras. Er aber entfernte sich immer weiter von mir. Ich bekam langsam Angst, er könnte mich verlassen und in die Freiheit entlaufen. Ein kleiner Waldstreifen war in der Nähe.

Da sprang ich plötzlich auf, starrte angespannt in die Ferne und lief dann, wie wenn ich vor einer Gefahr flüchtete, schnurstracks auf unseren Hof zu, anscheinend ohne mich um den Hansi zu kümmern. Ich war aber kaum fünf Schritte gelaufen, da stürmte mir der Hansi in voller Flucht nach, überholte mich und erreichte noch vor mir das rettende Hoftor. Er hatte mich als seine Mutter anerkannt: Ich war eine „führende Rehgeiß" geworden.

Noch einmal versetzte mich der Hansi vorübergehend in Schrecken. Wir befanden uns auf der großen Wiese neben unserem Hof. Der Hansi tollte ausgelassen herum. Plötzlich aber brach er aus den Kreisen, die er spielend und scherzend um mich gezogen hatte, aus und jagte in vollem Lauf davon, schnurstracks und unbeirrbar auf einen Wald zu, der sich etwa tausend Schritt von uns entfernt befindet. Dort verschwand er im Gehölz. Ich wartete mit Herzklopfen, was sich jetzt tun würde. Nach einigen bangen Minuten kam Hansi an einer ganz anderen Stelle wieder aus dem Wald und stürmte in schnurgeradem Lauf auf mich zu. Schwer schnaufend blieb er vor mir stehen und bettete sich zu meinen Füßen ins Gras.

Hansi war endgültig zahm geworden. Er durfte sich jetzt auch unbeaufsichtigt im Freien aufhalten. Ohne Scheu kam er auch in die Wohnräume, wenn er eine Tür offen fand. Er hatte sich voll den Menschen angeschlossen. Wenn jemand aus unserem Haus im entfernten Pfarrort etwas einzukaufen oder sonstwie zu besorgen hatte, dann ging der Hansi als Begleiter mit. Auch aufs Postamt, ins Wirtshaus oder in den Krämerladen. Er war überall bekannt. So wie ich „der Glechner Gottfried" hieß, so hieß er „der Glechner Hansi". Er war auch überall gern gesehen, zumal er mit seinen zierlichen Hufen und seinem hauchdünnen Auftritt auch bei schlechtem Wetter keinen Schmutz in die Zimmer brachte.

Im Herbst 1945 trat ich das Studium an der Universität Innsbruck an. Damit löste sich mein enges Verhältnis zum Hansi ein bißchen. Nur in den Ferien waren wir noch für einander da. Im folgenden Winter schob er sein erstes Geweih. Es war zum Staunen aller zünftigen Weidmänner ein voll entwickeltes Sechsergeweih! Das verdankte der Hansi den amerikanischen Keksen! Gleichzeitig wurde er aber immer ungemütlicher. Er suchte ständig mit den Hausbewohnern anzubandeln und in spielerischem Geplänkel seine Kräfte zu messen. Als er den Bast abgefegt hatte und die spitzen Geweihenden bloßlagen, wurden seine Spiele langsam gefährlich.

Eines Tages saßen wir beim Mittagstisch. Da sahen wir plötzlich durch das Fenster zwei kämpfende Rehböcke, die sich über die große Hofwiese heraufbalgten und dabei ständig näher an unser Haus gerieten. Der eine davon war tatsächlich unser Hansi! Der andere, ein kräftiger, ausgewachsener Sechser, war ihm offensichtlich überlegen. Sie prallten immer wieder mit den Geweihen zusammen und versuchten einander wegzuschieben. Der Fremde war stärker, sodaß unser Hansi jedesmal aufgab und ein Stück davonlief. Auf unser Haus zu. Dann begann er, wohl in dem Bewußtsein, daß hier ein Fremder in sein Revier eindringen wolle, sich aufs neue zu stellen, und sie krachten wieder gegeneinander. Diese Kämpfe wiederholten sich so lange, bis sie vor unserem Hoftor anlangten. Wir glaubten schon, sie könnten sogar im Hofraum weiterraufen. Aber als der Hansi wirklich in den Hof hineinsprang, folgte ihm der Fremde bis unter den Torbogen. Dort stutzte er und starrte einen Moment in die feindliche Umgebung eines Bauernhofs. Dann lief er erschreckt davon.

Als der Hansi sah, daß der Fremde floh, legte er ihm das als Feigheit aus, lief ihm erneut nach und stellte ihn abermals zum Kampf. Mittlerweile waren wir aus der Haustür getreten, und beim Anblick von Menschen verließ den Eindringling der Mut. Er machte sich endgültig aus dem Staub.

Die Kampfesweise von Rehböcken ist folgende: Sie stehen einander in kurzer Entfernung mit gesenktem Haupt gegenüber und drohen einander durch Hin- und Herdrehen des Geweihs an.

Plötzlich springt einer vor und greift an. Beide senken ihre Stangen bis auf die Erde und wollen so einander wegschieben. Dabei forkeln sie mit den Geweihenden, besonders mit den Stirnsprossen, sogar im Boden herum. Wer mit seinem Gehörn tiefer ansetzen kann und damit gar unter das Geweih seines Widersachers gelangt, ist entscheidend im Vorteil. Er kann den anderen ausheben und ihn etwa am Hals oder an der Brust verletzen.

Dieselbe Kampfesweise wendet auch ein zahmer Rehbock an, wenn er, sei es spielerisch, sei es im Ernst, einen Menschen attakiert. Solche Angriffe sind besonders deshalb schwer abzuwehren, weil sie ganz unten, gegen die Füße oder Schienbeine des Menschen, erfolgen.

Jeder bei Menschen aufgewachsene Rehbock wird angriffslustig. Er meint es nicht böse, er will die Rangordnung herstellen. Wir Menschen sind für ihn Rivalen in seinem Revier. Deshalb kann man erwachsene Rehböcke nur in einem sicheren Gatter halten. Ihnen die Freiheit zu schenken, ist bereits unmöglich geworden. Da sie keine Scheu vor Menschen haben, gehen sie diesen zu oder gar auf sie los. Durch ihre unnatürliche Erziehung in Menschenhand haben sie oft nicht einmal vor Hunden Angst.

Unser Hansi hat kein schönes Ende gefunden. Aber was hat schon ein Rehbock davon, wenn er „weidmännisch erlegt" und mit einem frischen Bruch im Äser geschmückt wird? Der Hansi hat, vom jägerischen Standpunkt aus gesehen, ein unrühmliches Ende genommen. Nachdem er mehrere Personen verletzt hatte, blieb nur die Wahl zwischen lebenslänglich in einem kleinen Gatter oder … Unser Roßknecht, der erst vor kurzem zu uns gekommen war, hat ihn erschossen. Aber nicht mit einem „ehrenvollen" Jagdgewehr, sondern mit einem schmählichen Schlachtschußapparat, der eigentlich für das Schlachten von Schweinen angeschafft worden war.

So ist das Leben.

Das Zwergzicklein von Hochkreut

In dem Bergland, das sich zwischen dem Attersee und dem Traunsee ausbreitet, liegt hoch droben der Tierpark Hochkreut. (Hochgereut = hochgelegenes Gereute – Rodung). Eigentlich ist er einheimischen oder früher einheimisch gewesenen Tierarten vorbehalten, es befinden sich aber auch einige exotische Pflanzenfresser dort, unter anderem eine ganze Herde Zwergziegen.

Diese Zwergziegen, besonders deren niedliche Junge, die Zwergkitze, waren das Entzücken meiner Tochter Regina. Und zwar in einem solchen Maße, daß wir der Tierparkleitung so ein herziges Zicklein abkauften. Es kostete tausend Schilling. Der Mann, der den Handel mit uns abschloß, meinte zwar, wir sollten gleich ein Pärchen nehmen. Dann würde sich das Junge nicht so einsam fühlen. Die Böcklein seien auch billiger. Ich aber wußte, daß aus einem Böcklein ein Bock wird und daß sich Ziegenböcke durch ihren außerordentlichen Gestank auszeichnen. So nahmen wir nur das weibliche Tierlein mit.

Wir breiteten eine alte Decke in den Kofferraum unseres Kombis und wollten das Kleine darauf lagern. Aber es stand sofort auf und suchte zu entkommen. Und vor allem erhob es sogleich ein durchdringendes Gejammer, das sich wie das Weinen eines Säuglings anhörte. Wir fuhren schnell weg, damit es aus dem Gesichtskreis der zurückgelassenen Herde käme. Aber das Zicklein jammerte noch immer, den ganzen ersten Fahrtkilometer lang. Es jammerte auch während des zweiten Fahrtkilometers. Es jammerte auch während des dritten Fahrtkilometers. Und so fort. Bis wir daheim waren. Von Hochkreut bis Braunau sind es rund hundert Kilometer! Auch als wir auf dem Heimweg einmal kurz in einem Gastgarten rasteten, hatten wir ständig das jämmerliche Schreien aus dem Auto in den Ohren.

Daheim bekam das Zicklein einen geräumigen Stall, aber es hatte keine Freude daran. Immerfort kratzte es innen an der Stalltür und hörte keine Minute lang zu schreien auf. Es mochte keine Milch, kein Gras, keine Erdnüsse, kein Heu und keinen

Leckerbissen. Erst als es finster wurde, verstummte es für eine Weile. Es war wohl vor Erschöpfung eingeschlafen.

Auch in der Nacht hörte ich, sooft ich zufällig erwachte, das jämmerliche Schreien bis ins Schlafzimmer.

Am Morgen stand unser Entschluß fest. Wir packten uns wieder zusammen, setzten das arme Tierlein in den Kofferraum und fuhren los – nach Hochkreut!

Ja! Hätten wir eigentlich wissen sollen! Ziegen sind Herdentiere. Allein sind sie todunglücklich. Es ist wie bei den Menschen.

Wie Rind schon!

Die längste Zeit meiner beruflichen Tätigkeit verbrachte ich als Professor am Gymnasium Braunau. In den sechziger Jahren herrschte in Österreich an den Höheren Schulen akuter Lehrermangel. Etwa 1969 erhielten wir einen neuen Lehrer für Biologie mit dem Vornamen Vitus zugewiesen. Er kam aus der Tschechoslowakei, aus der Gegend von Budweis, und hatte während des Prager Frühlings seine antikommunistische Gesinnung allzu deutlich kundgetan, sodaß er nach der Niederwerfung des Volksaufstandes durch die russischen Panzer seine Heimat verlassen mußte.

Er erhielt wie gesagt an unserem Gymnasium eine Lehrstelle. Ein großgewachsener, sportlicher junger Mann von einnehmendem Wesen und unkomplizierter, fast rustikaler Lebensart. Wir freundeten uns an. Ich erzählte ihm, daß ich nachmittags häufig an meinen Fischteichen arbeitete, Dämme aufwarf, Gräben zog, die Ufer befestigte, Abflußschächte betonierte und dergleichen. Da würde er gerne mittun, sagte er. Und mir war das sehr recht.

Er hatte natürlich noch kein Auto. So holte ich ihn jedesmal mit meinem Wagen ab, und wir fuhren gemeinsam zu den Weihern. Es ist eine gewundene, schmale Straße, die dorthin führt. Ich kannte ihre Krümmungen natürlich haargenau und nahm ihre Kurven mitunter einigermaßen rasant. Einmal bemerkte ich, wie er sich in einer solchen Kurve ziemlich krampfhaft an den Haltegriffen festhielt. Ich sagte: „Da schaust du! Fahr ich nicht wie Jochen Rindt?" (Jochen Rindt war damals als Rennfahrer-As in aller Munde!) Mein tschechischer Freund aber, der sonst mit der deutschen Sprache noch seine Schwierigkeiten hatte, antwortete mir prompt: „Wie Jochen nicht! Wie Rind schon!"

Der erste April

Der Inhaber eines Filmstudios, Herr Hans Hangler, wollte einen Dokumentarfilm über mich drehen. Ich war einverstanden, und wir trafen unsere Vorbereitungen. Dabei freundeten wir uns an, und ich lernte ihn als humorvollen und witzigen Menschen kennen.

Einmal hatten wir vereinbart, er würde am kommenden Montag um zehn Uhr vormittags zu meinem Haus in Siegerting bei Pischelsdorf kommen. Wir wollten Film- und Sprechaufnahmen machen. Vor allem sollte an diesem Tag mein Sohn, der wie ich Gottfried Glechner heißt, seinen einleitenden Part und gewisse Zwischentexte sprechen.

Um halb zehn, also eine halbe Stunde vor dem vereinbarten Termin, traf mein Sohn bei uns ein. Wir, nämlich mein Sohn, meine Frau und ich, saßen im Wohnzimmer und warteten auf den Filmemacher. Da fiel uns plötzlich ein, daß heute der 1. April war. Sofort beschlossen wir, unseren erwartenden Besucher „in den April zu schicken".

Mein Sohn fuhr schnell sein Auto hinter das Haus, sodaß es von der Straße her nicht sichtbar war. Dann versteckte er sich im Gästezimmer und verhielt sich ruhig.

Schon hörte man das Geräusch eines ankommenden Autos. Ich sprang vor die Haustür und teilte dem Hangler Hans, der gerade aussteigen wollte, mit, daß mein Sohn noch nicht da sei. Ihm sei auf der Fahrt das Auto verreckt. „Er hat gerade angerufen", sagte ich scheinheilig. „Jetzt sitzt er im Gasthaus Luger in Uttendorf und wartet, daß ich ihn hole. Fahr ein Stück weg, daß ich mit meinem Auto aus der Garage kann! Oder besser", sagte ich, „vielleicht macht es dir nichts aus, wenn du ihn selber holst. Du stehst schon fahrbereit da, und es sind nur zwei Kilometer. Merk dir: im Gasthaus Luger, mitten auf dem Marktplatz!"

Der liebe Hans war sofort bereit und brauste weg. Ich aber stürzte zum Telefon und rief im Gasthaus an. „Lieber Herr Luger", sagte ich, „gleich wird zu Ihnen ein Herr namens Hangler kommen und einen Herrn Glechner abholen wollen. Bringen Sie ihm schonend bei, daß heute der 1. April ist!"

Den genauen Fortgang der Handlung habe ich natürlich erst später erfahren. Er verlief so: Der Gastwirt hatte einen kleinen Tisch voll Männer, die trotz des Vormittags schon in der Gaststube saßen, in den Aprilscherz eingeweiht. Als der Hangler Hans die Gaststube betrat, wunderte er sich, daß ihn alle freundlich lachend begrüßten. Noch mehr staunte er, als ihn der Wirt mit „Herr Hangler" anredete. „Ich soll den Herrn Glechner abholen", stotterte der Hans unsicher, „den Glechner junior!" – „Ach, den?" antworteten alle Männer beinahe einstimmig. „Der kommt aber am 1. April nie!"

Dem Hans schoß die Röte ins Gesicht. Ohne Gruß schlug er die Tür hinter sich zu und brauste davon. Als er vor unserm Haus aus dem Auto stieg und wir alle ihn lachend empfingen, antwortete er nur: „Ös Trottln!"

Damit war allerdings die Sache auch abgetan. Sie hat unserem guten Einvernehmen keinen Abbruch getan, sondern nur unsere gute Stimmung und Arbeitslust erhöht. Wir haben im Laufe des Tages einen beträchtlichen Teil des Filmes unter Dach und Fach gebracht.

Der Videofilm ist heute im Handel erhältlich. Er trägt den Titel: „Gottfried Glechner – der Dichter der Weltordnung des dörflichen Daseins".

Autotransporte

Schüler- und Studentenstreiche sind zu festen Begriffen geworden. Sie lockern das allzu streng geregelte Leben von Schülern und Lehrern auf. Nicht immer stiften sie nur Belustigung und Freude, manchmal auch Ärger und Beleidigung. Und oft sind sie nur albern. An einen lustigen Schülerstreich aus meiner Professorenzeit erinnere ich mich mit Vergnügen.

Der Religionsprofessor unseres Gymnasiums hatte sich ein Auto gekauft. Es war so, wie es dem eigentlichen Geist des Christentums entsprach: innerlich, motorisch, in Ordnung – äußerlich unansehnlich und bescheiden. Und vor allem war es ungeheuer klein! Ein Kleinstwagen, wie sie in den sechziger Jahren von einigen Firmen gebaut wurden. Wirklich nur zum Fahren geeignet und ganz und gar nicht zum Staat machen und angeben.

Der Professor hatte in den Seelen seiner Schüler offenbar das Pflänzchen der christlichen Demut nicht zum Blühen gebracht. Sie wußten mehr als wir Lehrer auf dem Automarkt Bescheid und verehrten alle modernen und rasanten Autotypen. Das Auto des Religionsprofessors war in ihren Augen eine Konservenbüchse auf Rädern, zu deren Besteigen man einen Schuhlöffel braucht.

Nun ließ der Herr Professor, der in der Nähe des Gymnasiums wohnte, gelegentlich sein Auto über Nacht auf dem Schulparkplatz stehen. Das brachte die Schüler der achten Klasse, die die schriftliche Reifeprüfung bereits hinter sich hatten und von Übermut und Lebensfreude überquollen, auf einen lustigen Einfall. Sie verschafften sich die Schlüssel des Gymnasiums – hatte vielleicht gar ein Professor mitgeholfen? –, überlisteten die Wachsamkeit des Schulwartes und schleppten in finsterer Nacht das Auto des Religionsprofessors lautlos und behutsam über die Treppen der Eingangshalle in das oberste Stockwerk hinauf. Eine Kleinigkeit für fünfundzwanzig junge Burschen, von denen jeder zwei Fäuste hatte.

Dort oben stellten sie es mitten in die weite Pausenhalle – wie das Ausstellungsstück eines Autosalons.

Am nächsten Morgen, als die Professoren in der Schule eintrafen, hörte man ungebührlich lauten Lärm aus dem Obergeschoß herunter. Als man hinaufkam, stand da das halbe Gymnasium johlend im Halbkreis um ein Auto, das Mini-Auto des Religionsprofessors. Der Anblick war ungewöhnlich, und das Auto nahm sich hier noch viel armseliger aus als auf der Straße unter anderen.

Die Maturanten haben sich zu ihrer Tat bekannt und trugen den Wagen wieder hinunter. Übrigens, ohne ihn oder das Stiegengeländer im geringsten zu beschädigen.

Dieser Schülerstreich erinnert mich an ein anderes, vergleichbares Erlebnis.

Ich war zusammen mit der Trachtenmusikkapelle Neukirchen an der Enknach zu einer Veranstaltung nach Wien gefahren. Ein ganzer Omnibus voll. Als wir die Rückfahrt antraten, geriet der Bus in eine ziemlich schmale Gasse, die durch parkende Autos noch zusätzlich eingeengt wurde. An einer Stelle konnte unser Bus nicht mehr weiter, die Kurve war nicht zu kriegen. Die Musiker, gute dreißig gestandene Mannsbilder, hatten ausgiebig gegessen und getrunken und waren bester Laune. „Halt!" rief einer. „Hamma glei!" Und schon sprangen an die zwanzig Mann aus dem Bus, packten eines der parkenden Autos und trugen es in aller Gemütsruhe etwa zehn Meter weiter, an einen anderen Platz.

Für die vielen Straßenpassanten, die das Schauspiel beobachteten, sah es aus, als sei die Sperrmüllabfuhr am Werk. Einer wollte sich darüber aufregen. „Stehns um, liaber Herr!" sagte unser Stoßtruppführer. „Sonst müassn ma Sie auch noch entsorgen!"

Die Männer stiegen wieder ein, und unser Omnibus brachte uns heil nach Oberösterreich. Ratenweise. An einigen Wirtshäusern blieb er stehen.

Luft, Licht und Sonne

Der Millionär
    hat einen kristallenen Luster
Dem Häuslmann
    scheint d Sunn beim Fenster einer
Der Millionär
    hat eine Fußbodenheizung
Der Häuslmann
    schiabt a Scheidl in Ofn eini
Der Millionär
    hat ein Solarium
Der Häuslmann
    sitzt si a Zeidl af d Sunnbänk
Der Millionär
    hat einen Luftbeweger an der Zimmerdeckn
Dem Häuslmann
    glangt der Wind in d Haar
    und zupftn a weng
    und zaustn a weng
Der Millionär
    nimmt ein Bad und ein Sektfrühstück
Der Häuslmann
    trinkt a Wasser
    und haltt an Kopf ünters Brunnrehrl
Der Millionär
    fliagt in de Südsee
    und bestaunt die Tropenflora
Der Häuslmann
    geht a weng spaziern über d Wiesn
An Millionär
    gehts ganz guat mit der Gsundheit
An Häuslmann
    áh.

Mein, is des prima eingricht áf der Welt:
Was wirkli groß und herrlich is,
kriagst alles ohne Geld.

Löwenzahn

Löwenzahn –
was ist denn des?
An Unkraut, sagt der Bauersmann.
A Heilkraut,
sagt der Apotheker.
Mei Leibspeis,
sagt der Künihas
und laßt eahm s Blattl schmecka.

I bin ins Saubleami verliabt:
Es predigt ma von Auferstehn.
Probiers: wannst oiss verbetonierst,
Zement, Asphalt und Fugenkitt,
a kloane Klissn bleibt!
Aus der, is kám a Monat um,
a Löwenzáhntl treibt.

Anschaun – net habm!

Früaher han i oiwei gmoant,
i mecht oiss habm:
Des mecht i habm,
und das mecht i habm
und des Haus nebm an Wald
und den vornehmen Gartn
und den romantischn Weiher
und de Fischerhüttn in der Au.

Heint tuat mar des oiss nimmer weh.
Weil mar eh oiss ghert!
I gfrei mi jedn Tag,
wann i des schen Haus siag nebm an Wald
und den Gartn mit der Froschlacka
und den Weiher mit de Wasserhendl
und de Fischerhüttn in der Au,
und oi Tag, sooft i vorbeigeh,
grüaßt mi a schene Frau.

A Villa an der Cot Azür

A Villa an der Cot Azür,
an Rennstoi in Amerika,
in Hindostan a Jagdrevier:
moanst, daß i nacher glückli wár?

Hotelkultur und Kunststoffplunder,
a Bár aus Chrom und Plexiglas
verstölln dar d Sicht auf d Herrgodswunder:
áf Luft und Wasser, Bám und Gras.

Ausgleichende Gerechtigkeit

Des Schenste áf der Welt is d Liab,
und ohne sie is s Lebm trüab,
und Ehr und Reichtum gfreit di net.
D Liab braucht koa Gschloß, koa Himmibett.

Tuast Holzschuah flicka oder tuast regiern,
de höchste Stellung nutzt dar wenig:
Es is der Bauernbua mit seiner Dirn
genau so selig wia r der König.

Des hat der Herrgod guat eingricht,
da gibts koann Rang, koa Oberschicht.
In dem Punkt hámmar alle gleich:
Wer liabt, is oanfach reich.

I bin so reich

Wem ghert denn d Sunn?
   Is tausndmoi so groß wia d Erdn
   und tausnd Stundn weg
   und scheint und scheint
   und lacht und lacht
   und wármt und wármt
Wen wármts denn?
   Mi!
   Mi!
   I kann mar soviel nehma
   wia i mag
   vo meiner Sunn

Wem ghert denn s Liacht?
   Es scheint und scheint
   und lacht und lacht
   und leucht und leucht
Wem leuchts denn?
   Mir!
   Mir!
   I kann mar soviel nehma
   wia i mag
   von ewign Liacht

Wem ghert denn d Luft?
   Is überoi
   und wáht und wáht
   is rauh und stád
   is stark und lind
   is Sturm und Wind
Wem gherts denn, d Luft?
   Mir!
   Mir!
   I kann mar soviel nehma
   wia i mag
   vo meiner brávn Luft

Wem ghert denn s Wasser?
    Es rinnt und rinnt
    und lacht und lacht
    und táschlt Tag und Nacht
Wem löschts an Durscht an Leib und Seel?
    Mir!
    Mir!
    I kann ma soviel nehma
    wia i mag
    von Brunn
    von Bach
    von See

Wem ghert denn s Gras?
    Es wachst und wachst
    und schmeckt und schmeckt
    und blüaht und blüaht
Wem blüaht denn s Gras?
    Mir!
    Mir!
    I derf mars sooft anschaun
    wia i mag
    und einiwáschln
    ohne Schuah und Strümpf

Wem ghert der Wald?
    Er rauscht und rauscht
    und seine Vögl singan
    und seine Beerl leuchtn
    und seine Hoizbám schaukln si in Wind
    Für wen tuat er des, der Wald?
    Für mi!
    Für mi!
    I derf sooft in Wald gehn
    wia r i mag
    und gsund werdn bei sein Gsang
    an Leib und Seel

  Bin i reich?

I mecht arm sein

Mir geht's z'guat.
I han oiss, was i brauch.
A Haus und a Geld
und an Bausparvertrag
und a Lebensversicherung
und an Fernsehapparat.

Oft denk i mar,
i mecht a Bedlmann sein,
an Obdachloser,
der nix hat wia d Sunn
und s Wasser
und an Scherz Brout.

Koa Müllabfuhr
koann Terminkalender
und koane Briafschuldn.
Koane Anstandsbesuche
und koa schens Gwand
und koa Geld.

Da tát mi dann nix mehr drucka.
I sitz grad nuh umanand.
Auf de öffentlichen Bánkerl
und auf ara Kistn nebm der Straß
und laß mi von der Sunn ascheinn.

Und wann amoi wirkli
a rechts Sauweder einfallt,
nacher ruaf i a Taxi
und laß mi aufn Flugplatz bringa:
Und dahi gehts –
áf Spanien!

Mit achtzig in die Kurve

Mit achtzig in die Kurve,
mit neunzig an den Baum,
mit hundert in den Friedhof:
das war sein schönster Traum.

Jedoch bei diesem Vorgang,
steht auf dem Leichenstein,
da hatte er den Vorrang.
Das mag ein Trost ihm sein.

Die Vollbeschäftigung

Ein großer Teil unserer Bevölkerung lebt von der
 Autoindustrie
und damit von den unermüdlichen Karambolaschen und
 Frontalzusammenstößen.
Es ist gut, daß die Autofahrer nicht gescheiter
 werden.
Sonst käme unsere Industrie an den Rand des
 Abgrunds.
Man müßte dann die Autowerke
auf den Großglockner hinaufbauen.
Da könnte man ungebremst weiterproduzieren
und die überflüssigen Neuwagen
in den Abgrund hinunterschmeißen.
Und wenn das Mölltal voll ist,
hätte man immer noch das Fuschertal.
So wäre die Vollbeschäftigung garantiert.

Illustriertenweisheit

Der Huaber-Sepp hat si derrennt!
– Weils oiwei a so dreinteifeln müassn! –
Von Huaber z Oberndorf ent.
Kennst as eh guat, de Huaberischn;
hánd koane zwidern Leit net ...

Aber der Oliver Spleen hat si áh derrennt!
Kennstn ja doh! Von Fernsehen her.
Der Ami da, der tolle Rennfahrer!
Du, der derbarmt mar scho!
Des is soo ein Bursch gwen!
Ein nárrischer Draufgänger!
Um den Menschn is schad ...

Du! D Nachbarn-Inge heirat –
woaßt as eh scho?
Den Inschenär da aus Oberndorf,
der oiwei herkimmt.
Ob des a guat tuat? ...

Aber iazt páß auf!
Woaßt, wer nuh heirat?
Da werst schaun!
Der Tschäsn Peggy!
Iazt heirat ers doh
de steile Tschäcky!
Sei Fünfte iss!
Und sie hat si extra scheidn lassn!
Des is de große Liebe,
die Traumhochzeit des Jahres!
Mein!
De werdn glückli sein! ...

Kleschbumm

Kleschbumm – kleschbumm – kleschbumm!
machts hundertmoi am Tag.
A jedsmoi is an Auto hi,
oft áh r a Mensch, doch God sei Dank,
an anderner, net i.

Der Kriag is aus – tarumtumtum –
neamt muaß in Feld sei Lebm lassn.
Es is halt so modern zur Zeit:
Ma stirbt gern auf der Straßn.

Kleschbumm! Kleschbumm! Kleschbumm!

Die Prominenz

In der Wiener Staatsoper
bei der Ringstraßn drentn,
da treffen sich heute
die Prominenten
von der Bolidigg,
von der Bartei,
von Fernsehen und von Radio
– holladriadrio! –
sánd's áh dabei.
Des is unser Prominenz,
jeder Gebüldete kennts'!
Achtung! Der Regierungsschef!
Schauts nur: Der schene Fráck!
Und die Westn, ganz sauber
von Arsch bis zum Gnáck.
Auch der Herr Staatssekretär
kommt ungeheuer nobel daher.
Und der gewesene Herr Minister!
Dort, der Joviale, das ist er!
Auch er hat es
Gott sei Dank
nicht verschmäht,
daß er aufn Opernball geht.
Hochgelobt sei er wegen seiner Verdienste:
genau hundertzwanzig sánd's,
nämlich Tausender
im Monat,
und zwar achtzehnmal. Is ja klar:
verteilt auf die achtzehn Monat im Jahr.
Und da schau: Der Herr Nationalrat!
Obwohl er soviel Arbeit hat!
Auch von vielen Gemahlinnen
wimmelt es da drinnen.
Entschuldigen! – Gestatten! – Sehr erfreut!
Exzellenz und Eminenz! –
und Präpotenz! ...

Der nichtprominente Österreicher jedoch,
dieser äußerst lächerliche Zwerg,
der schaut derweilen ins Fernsehloch
und mit Hilfe vom Küniglberg
nimmt er auch am Opernball teil,
aber abgeschirmt, sodaß er nicht stört
und daß man seine Stoßgebete nicht hört.

Aber da! Schau doch ins Gerät!
Wer da scho wieder so prominent
in der Staatsoper steht!
Da schau, da drent! –
Der schöne Bläcky, mein!,
und der Rudi Carell, fein!,
und der Heinz Conrads, kann des sein!
Heut habn mar s Glück!
Und der Rosendalli-dalli-Klick!
Und alle die Filmstare, de wunderschönen,
muaß jeder Österreicher kennen,
parfümiert und frisch lackiert
und alle Jahre neu liiert!
Und der Herr Nachrichtensprecher,
oh wie prominent!
Und der Herr Wetteransager,
den jeder kennt!

Mei Vater hat Felder umgeackert
und hat Kinder aufgezogn
und hat sich dummerweise abgerackert
und die Bandscheiben verbogn ...
Und hat sich abgeplagt.
Und net einmal
hat er im Fernsehen
s Wetter angsagt.
Es war zu wenig prominent,
da im Innviertl drent.

In der Sahelzone

In der Sahelzone
hats drei Jahr nimmer gregnt.
Zerscht sán de Küah hiwordn,
nacher de Goaßß.
Am längstn habms de Leit ausghaltn:
Es sánd nur de Hälfte verhungert.

Der Präsident von USA,
der Geizkragn,
hat um fünf Milliardn Lebmsmittl
umigschickt;
des is nur ein Promille
des Bruttosozialprodukts!
De EG hat sich auch a bißl bemüht:
An halbatn Butterberg
und a paar Millionen Tonnen
Getreideüberschüsse
habms spendiert.
De Russn habm áh a weng was abgezweigt,
zum Augn-auswischn.

Der oanzige, der wirkli ghoifn hat,
war der Liebe Gott.
Der hats im viertn Jahr
wieder amoi a bißl regna lassn
in der Sahelzone,
weil auch die Neger, hat der Herr Pfoarer gsagt,
seine geliebten Kinder sind.

Der Dankgottesdienst

Im Jahre
sechzehnhundertfünfundzwanzig
hat in
Frauenhofen
der Blitz eingschlagn
im Kirchturm,
und der halbe Markt is abgebrannt.
Drei Tag lang hats brennt.
Aber am viertn Tag
is de Feuersbrunst erloschen.

Da habm de Einwohner von Frauenhofen
ein feierliches Hochamt abgehalten
und haben sich beim Lieben Gott
dafür bedankt,
daß er nur die Hälfte
der Frauenhofener
obdachlos
gemacht
hat.

Ogottogottogott

„Saul hat tausend Feinde erschlagen,
David aber zehntausend!"
Das hat ihm Gott hoch angerechnet.
Denn es waren lauter Ausländer.

David hat den Uria umbringen lassen.
Das hat ihm Gott schlecht angerechnet.
Denn der war einer von den Generälen
des auserwählten Volkes.

Gott hat es ihm aber doch wieder
nicht ganz so schlecht angerechnet.
Denn der Uria war eigentlich
kein Kind Israels,
sondern
a Zuagroaster.

Ogottogottogott

Von der Liebe

Der Mensch muß Gott lieben
mit allen seinen Kräften.
Der Mensch muß alle Menschen lieben,
besonders solche, die recht weit weg sind,
in Afrika und in Südamerika.

Ein bißl was gebe ich immer
für die Karitas und die Entwicklungshilfe.
Aber wie das Lieben eigentlich geht,
weiß ich nicht recht.

Der Liebe Gott liebt mich auch,
seinerseits,
sogar unendlich.
Aber die fortschreitende Leukämie
vo meinn Buabm, dem zehnjahrigen,
hat er noch nicht bemerkt.

Manchmal kommt's mir vor,
der Liebe Gott weiß auch nicht recht,
wie das Lieben geht.

Wann i net oiss vergessn kunnt

Wann i net oiss vergessn kunnt,
verdrucka und verdränga,
i war fürwahr an armer Hund
und müassat mi aufhänga.

I woaßs, i han net gar so guat
gfuhrwerkt und gschanzt in Lebm.
Es gschiahgt halt vül, wasd gar net wüllst,
und oft geht ebbs danebm.

Bes bin i nia gwen, aber dumm,
a leichtsinniger Trámer,
a selbstgerechter, láxer Kund:
Koa Beswicht – a Versámer!

An Außischiaber, Loanmian!
A Weiberleanl a laber,
der s Werkl oanfach renna laßt:
Koa Schoiber und koa Haber!

I han net herghabt und net gschobm,
net g'acht áf Gloas und Gassn!
Hánd d Ochsn über d Ácker hi,
i han's halt laufm lassn.

I han net Wüa gschrian und net Ouh!
I woaßs, des häd i soin.
So hánds mar über d Stráng ausghátscht
– der Teifi soit mi hoin!

Gibt oa, de dráfzahlt habnt mit mir –
es laßt si nimmer wendn!
Beicht han i's scho und a'büaßt áh,
der Kummer derfat endn.

Du hast mi ja doh selm zsammpappt,
o Herr, aus Loahm und Lettn,
pázwoach, daß halt nix habt an mir;
da hilft koa Straf, koa Netn.

So bin i, kann net anders sein!
I bi net weider kemma!
Und wia r i bi, so oder so:
A so müaßts mi halt nehma.

Der Herr Hofrat Amsel

Der Herr Hofrat Franz Amsel lebte in einer oberösterreichischen Kleinstadt. Obwohl er aus bescheidenen ländlichen Verhältnissen stammte – seine Eltern besaßen eine kleine Landwirtschaft –, war er durch Begabung und Fleiß in die höhere Beamtenlaufbahn hineingekommen. Dazu hatte er sich durch die Heirat mit der Tochter eines vermögenden Unternehmers zusätzlich einen recht ansehnlichen Wohlstand erworben und gehörte zu den angesehensten Bürgern der Stadt. So lebte er mit seiner Frau Mimi recht zufrieden in dem Villenviertel am Stadtrand.

Der Herr Hofrat Amsel hatte sich feine städtische Manieren zugelegt, wie er sie für seine hohe amtliche Stellung brauchte. Im Grunde seines Herzens war er aber doch ein eher ländlicher Mensch geblieben. Mit Vergnügen suhlte er sich, wenn es einmal zu passen schien, in dem herzhaften Dialekt seiner bäuerlichen Verwandten. Und er liebte nicht nur die kernige Ausdrucksweise des Landes, sondern auch die dazugehörige Küche. Schweinsbraten, Speckknödel, Schnitzel, Kalbsnierenbraten, Schweinsstelzen, Leberwürste, Krapfen und gebackene Schnitten erfreuten sein Herz. Nicht, daß er etwa in diesen Gerichten allzu sehr über die Schnur gehauen hätte, keineswegs! Er war ja ein kluger Kopf und war auch beim Essen beherrscht. Aber er liebte diese Dinge.

Nicht so seine Gemahlin Mimi. Sie hatte infolge fleißigen Lesens in den Illustrierten erkannt, daß die gerühmte deftige Bauernkost für ihren Franz das pure Gift und überhaupt für die Ernährung aller Menschen höchst unzukömmlich und daher strikt abzulehnen sei. Sie durchschaute die Zwiespältigkeit der vorwiegend schweinischen Ernährung der hiesigen Bevölkerung und die Gefährlichkeit der Blutfette und des Cholesterins und übertrug die Gestaltung ihres Speiseplans den Kalorien und den Jouls. Wörter wie Cholesterinspiegel, Embolie, Hypertonie und Brachykardie schwebten ständig drohend über ihren Kochtöpfen.

Der Herr Hofrat Amsel war ein geduldiger Mensch und voller Vertrauen zu seiner lieben Mimi. Sie wird schon auch rechthaben, dachte er sich oft, wenn er alles ergeben und lammfromm zu sich nahm, was sie ihm vorsetzte: vielerlei Grünes und Fruchtiges, Salat- und Karottenhaftes; dazu eine gehäufte Portion Körnerfutter, das er gewissenhaft aus dem Teller pickte – wie eine Amsel.

Der einzige, der im Hause Amsel bei der nahrhaften Hausmannskost bleiben durfte, war der Hund Tasso, ein ausgewachsener Bernhardiner, der seine Tage auf dem Teppich des Wohnzimmers zu verdösen pflegte. Obwohl er schon Speck angesetzt hatte, brachte es die Hausfrau nicht übers Herz, auch ihn in die Diätgemeinschaft der Familie aufzunehmen. Sie blieb eine gute Kundschaft des Metzgers. Der liebe Tasso speiste weiterhin täglich Fleischliches in reichlicher Menge, wie es einem Bernhardiner zusteht. Zwar nicht gerade Schnitzel, Lungenbraten und Tafelspitz, aber immerhin recht appetitliche Fleischabfälle, häutige und flachsige Strähnen und Klumpen, die interessant nach Pansen und Kuttelfleck rochen. Oft machte sich die Hausfrau sogar die Mühe, das Hundsgericht auf dem Herd zuzubereiten, mit Haferflocken zu mixen und dann für die abendliche Hundemahlzeit irgendwo abzustellen. Hundemenüs dürfen nicht heiß serviert werden.

Eines Tages kam der Herr Hofrat am späten Nachmittag, von vielerlei Geschäften müde und verbraucht, in sein schönes Haus im Villenviertel der Stadt. Da er recht deutlich Hunger und Durst verspürte, begab er sich sogleich in die Küche. Seine Frau war nicht da. Dafür lag auf dem Küchentisch ein freundliches Schreiben: „Lieber Franz! Ich bin bei Frau Berger. Bitte warte diesmal mit dem Essen nicht auf mich. Ich habe es Dir angerichtet. Guten Appetit! Mimi."

Verdrießlich klopfte der Herr Rat mit dem Finger auf der Tischplatte. Er war gewohnt, zusammen mit Mimi zu speisen und dabei liebenswürdig bedient zu werden. Nun war sie nicht da! Er aber hatte Hunger und Durst. Zunächst einmal verspürte er Durst. Im Kühlschrank befand sich Bier, das wußte er. Gleichzeitig fiel ihm ein, daß ihm seine liebe Mimi das eiskalte Kühlschrankbier streng verboten hatte. In der Speis jedoch mußten ein paar temperierte Flaschen stehen. Franz erhob sich und begab sich in die Speis. Der Raum war ihm ungewohnt und neu.

Kaum jemals hatte er sich selbst etwas aus der Speis geholt, seine Frau pflegte ihn fürsorglich zu verwöhnen. Trotzdem sah er sofort die Bierflaschen stehen und nicht weit daneben sein Abendessen.

Ach, du liebe Mimi! Sie hatte an ihn gedacht! Und daß er Hunger haben würde! Und daß er nicht so lange warten könne!

Und was für ein Abendessen! Es war heute mittag beim Abschied zu unfreundlichen Worten gekommen zwischen ihnen. Sie hatte gekeift und er hatte sie angeschnauzt! Die gute Frau! Jetzt hatte sie ihm eine Versöhnungsmahlzeit bereitet, sozusagen: Jetzt sind wir wieder gut!

Franz trug sein Abendessen auf den Küchentisch heraus: Einen übergroßen Teller, ja eine ganze Platte, voll mit herrlichen haferflockenbestäubten Fleischstücken. Ein ganz neues Rezept, dachte Franz, aber deliziös! Ganz darf man die fleischliche Kost auch nicht verdammen, sie sieht es ein. Mimi sieht es jetzt auch ein: Von Gras und Kraut und Rüben allein kann der Mensch nicht leben.

Franz aß mit größtem Appetit: Fleisch, endlich wieder Fleisch, lauter Fleisch! Ein delikates Gemisch aus allen möglichen Sorten. Und er gönnte sich viel, mehr als jemals seit Jahren. Freilich, seine Mimi hatte es allzu gut gemeint! Er mußte vor der Menge kapitulieren. Fast ein Viertel blieb auf der Platte zurück. Er konnte nicht mehr.

Mimi war brav gewesen. Franz wollte es jetzt auch sein. Er trug den auf der Platte verbliebenen, noch recht ansehnlichen Rest in die Speis. Vielleicht wollte heute auch Mimi über die Schnur hauen. Teller und Eßbesteck entsorgte er im Geschirrspüler. Dann setzte er sich wieder an den Küchentisch, mit wohlig gefülltem Magen und mit sich und der Welt zufrieden.

Bald darauf knarrte der Schlüssel in der Haustür. Mimi kam herein in die Küche, grüßte ihn freundlich wie immer und trat dann ins Eßzimmer. „Aber Franz", wandte sie sich in der Tür wieder um, „wieso hast du mit dem Abendessen auf mich gewartet? Ich habe schon bei Frau Berger gegessen!" – „Ich habe nicht gewartet", erwiderte Franz erstaunt. „Ich hab' schon gespeist. Ich danke dir übrigens! Es war ausgezeichnet!" –

„Aber du hast doch noch gar nicht gegessen! Dein Essen steht unberührt auf dem Tisch!"

Franz erhob sich ungläubig. Auf dem Eßtisch des Speisezimmers stand unberührt ein Teller und dahinter ein Bierglas und zwei Schüsseln mit allerlei Grünzeug und Körnerfutter.

„Ich hab' aber schon!" stotterte der gute Franz. „Ich hab schon! In der Speis ... Der Teller mit dem Fleisch ...!"

Jetzt war es heraußen. Der Herr Hofrat hatte dem armen Tasso seine Hundsmahlzeit vernascht. „Weggefressen" sagte Mimi. Sie schlug die Hände über dem Kopf zusammen: „Der arme Hund! Ich hab nichts mehr für ihn!" – „Dann gib ihm halt mein Hühnerfutter!" stieß Franz zornig hervor. Mimi ließ ratlos die Arme hängen. „Ich weiß", polterte Franz weiter, „kein halbwegs intelligenter Hund mag einen solchen Fraß!"

Sie blieben am Küchentisch sitzen, ein wenig verschnupft und schweigsam. Bis dann plötzlich beide gleichzeitig loskicherten und sich schließlich vor Lachen nicht mehr halten konnten. Endlich brachte Mimi heraus: „Es ist ja nicht nur wegen des armen Tasso; der wird schon nicht verhungern! Aber du? Vielleicht solltest du ins Spital, Magen auspumpen!" – „Mir hat's geschmeckt", brummte Franz, „und mir graust auch nicht! Also tut's mir gut! Und dem Hund kannst du ja mein Abendessen servieren, wenn er's mag!"

Sie saßen friedlich am Tisch. Mimi aber betrachtete mißtrauisch und forschend ihren Franz, ob er vielleicht schon blaß würde oder gelb und grün im Gesicht. Und heimlich stellte sie in der Küchenecke einen Kübel bereit, für alle Fälle. Aber der Herr Hofrat Amsel fühlte sich wohl wie schon lange nicht mehr. Er fühlte sich pudelwohl.

Gast in Reichersberg

s Essn und s Tringa ghernt ja scho zu de schenern Sachan, de uns beschieden hánd áf derer Wejt. I bi ja ois Kind und in Aufwachsn a recht a Dürrhámmi gwen a hoagliger. Und oft, wann i recht umanandgspitzlt han áf mein Teller und han doh nix weiderbracht, hat mar d Muatter an Extrawurscht herrichtn müassn, a Mamaládbrout oder an Oarschmoiz, wann i des foast Brádl überhaupt net oibracht han, des de andern g'essn habnt. Dabei wár mei Muatter eh a Wirtstochter gwen und hat a weng besser und feiner kocht wia de andern Bäurinna in der Nachbarschaft. Wenigstns habnt d Hausierer und d Handwerker áf der Ster ihr Kochkunst oiwei globt, und der Briafbot hats oi Tag a so eingricht, daß er grad bei uns zun Mittagessn rechtkemma is. Grad i bi a so a Deingetzer gwen a fáder. An iadn Brocka han i genau derschaut und umananddráht und an iadn Löffivoi gmustert, und wann i wo a schwarzs Faunzerl dersehgn han, han i's scho auergfischt und áfn Tellerranft hipickt.

Ja, und wehe, wann i amoi an an fremdn Tisch essn müassn han! Bei an Nachbarn oder bei Verwandte. Da hat der Griasschmarrn a weng anders ausgschaut, und s Öpfikoh und d Rouhrnudl! Und a weng an andern Gschmah hat áh oiss ghabt! Kreizseitn! Da bi i schwitzad wordn! Wei a weng was muaßt ja essn, wannst Gast bist und sitzt nebn der Hausfrau, de kocht hat. Frouh bin i, daß i wenigstns nia koa Milisuppn essn müassn han in an fremdn Haus. Wei wann in meiner Milisuppn a Hautflankerl umanandschwimmt oder gar a ganzer Lempm, da reckts mi. Heint nuh!

I bi nuh in d Voiksschui ganga, da hat ma bei mir scho gwißt, daß i amoi a Pfarrer wir(d). Drum habnts mi ins Petrinum oigschickt, áf Linz. I bi a Pfarrerstudentl wordn. Des habnt de Chorherrn des Stiftes Reichersberg sofort bemerkt und habnt eah denkt: Der stammt aus ara Reichersberger Pfarr, studiert áf an Geistlign, hat seine gradn Glieder und kunnt amoi a Chorherr werdn bei uns! Se habnt oiso schon áf mi gspitzt wia d Katz áf a Maus. Drum habnts mi in de Ferien öfter eingladnt, mi und an Aschböck-Loisn, mein Spezi, der áh áf an Pfarrer gstudiert hat, mir soint doh hie und da ins Stift kemma, daß uns oiss zoagnt – damit mar an Ábatit kriagatnt zon Eintretn ins Kloster.

Drum habnts uns áh amoi zun Essn eingladnt. Aber i han mi gar net gfreut drauf. Vielleicht kriagn mar recht ebbs Fremds, han i mar denkt, des i überhaupt net kenn. Der Rentmoaster, der Herr Norbert Hofbauer, hat uns z Mittag in d Stiftskuchl umigweist, mi und an Loisl, und hats a der Köchin gsagt, daß mir heint Gäste des Stiftes hánd. Nachern is er ganga und hat uns unsern Schicksal überlassen.

In a so an Zimmer hán mar gsessn, glei nebm der Kuchl, ganz alloa, und a groußer, schwárer Hund, a richtiger Stiftshund, a so a langhááriger Bernhardiner. Der is áfn Bodm glegn und hat uns zuagschaut.

Da kimmt áh d Köchin scho daher, stöllt zwoa Mordstrümmer Häfn vor uns áfn Tisch hi und fangt glei s Auerschoipfn an áf unserne Teller. „Ouh!" han i gschrian, „net sovül!" – „Jájá", hats gsagt, „zwen so junge Kámpeln, de kinnant scho was verdrucka!" Und tuat mar nuh an groußn Schoipfer voi áfs Teller. Des oa is a so a braune Soß gwen a dicke, áf der häufti Zwiefi umanandgschwumma is, und aus den zweitn Häfn hats so Toagbrocka auergschaufelt, so dicke, feste, pickade. „Ouha!" han i nuh amoi gschrian. Aber da hat sie eh scho áfghert, weils Teller überganga is.

„So, iazt eßts recht bráv und nehmts enk fein wieder nachi. Es is nuh häufti da!" Und daußt iss gwen bei der Kuchltür.

So, iazt hán mar dagsessn mir zwen, der Lois und i. Und habnt an Löffi gnumma. Und habnt a weng umanandgrührt in derer Soß. Und habnt an Löffispitz voi probiert. „I moan, des is a Golasch", hat der Lois gsagt. „Der Nam wár mar hübsch wurscht", sag i, „aber des is ja so scharf, daß oann an Atm verlegt!" – „Geht scho a weng", sagt er und schoibt a paar Löffi voi as Mäul. I hans áh a weng probiert! Aber de dicke Brüah de braun is wirkli nárrisch ráß gwen, vo lauter Zwifi, Pfeffer und Paprika.

D Soß gáng nuh grad, denk i mar. Aber de Toagpatzn! Was tua i denn mit de?! „Des hánd Nockerl, Wasserspatzn", hat der Lois gsagt. Mir is nix anders überbliebm: i han áh oann probiern müassn, a so an Wasserspatzn. I han na halt net angschaut und han 'n blindi einhgschobm as Mäul. Hinein is er ganga, aber heraus nimmer! I han 'n nimmer ausn Mäul bracht, net hina' und net heráf, und auer scho gar net. Weil er bei de Zähnt a so anpickt is, der Wasserratz. Zun Schluß han i'n aber doh oigwürigt. Aber koan zweitn nimmer.

Kreizseitn, denk i mar, was tua i, wann d Köchin kimmt? I kann doh net sagn: Des mag i net, des is mar z'schlecht! Wanns sie sejber hergricht hat!

Da siahg i den Bernhardinerhund liegn vor unsern Tisch, wia r er uns zuaschaut und wia eahm der Soiferling aus der Goschn rinnt vor lauter Ábatit.

„Mechst as leicht du?" sag i und schmeiß eahm an so an Wasserratzn vor d Fotzn. Der Hund hat kám sei Goschn grührt, is der Brocka scho verschwundn gwen. „Du, der mag mehrer!" denk i mar, und han eahm, kám daßd bis fünfe zoihlst, des halbat Teller verfuadert ghabt, de ganzn pickadn Batzn. „Halt!" sag i, „áf de Weis bring i mei Soß net weider!" – Iazt han i de restlign Wasserspatzn in d Soß eingwoakt und han eahm s Teller áfn Bodm oigstoillt. „Aber tummel di!" sag i, „daß uns d Köchin net derwischt!" Und er hat si wirkli recht tummelt: Bis drei wárst net kemma bein Zoihln, hat ers gschnáppt ghabt. An Loisn sei Portion hat er áh nuh mögn.

Naja, d Köchin, wias a Zeit dráf wieder nahgschaut hat bei uns, hat si recht gfreit, daßs uns a so gschmeckt hat. Und häd uns unbedingt nuh was bringa woin. Bal häd mar's net anbracht, aber zun Schluß hats gsagt, mir soint fein bal wieder kemma.

Aber zun Wiederkemma und zun Essn in der Stiftskuchl hats mi nimmer eignst zogn, áh spöder net. Weilst ja net recht woaßt, ob der Bernhardinerhund nuh lebt. Und a so han i mi halt midn Reichersberger Stift net so guating angfreundt, daß i a Chorherr wordn war. Heint gfallts mar recht, des schene Stift am Inn, aber in d Kuchl geh i áh heint nimmer einh. Essn tua i seitdem oiwei in Bräustübi.

D Fahrrádlprüafung

Wia i nuh a so a Schuibua gwen bi, so mit ra nein a zeha Jahr, da habnt nuh ganz weng Leit a Rádl ghabt, a Fahrrádl. Meine oidern Brüader, der Toni und der Schos, de hädnt scho oas ghabt, aber des han i net amoi anrührn derfn, so heili iss gwen. Grad der Vater hat a so an alds Waffnrad ghabt, a scheberads, des han i mar wenigstns anschaun traut, aus der Náhat. Und hie und da, wann neamt dahoam gwen is, han i's sogar auigweist ausn Vorhaus und hans oamoi rundum d Hofstad gschobm. Und wanns wo a weng getoi ganga r is, bin i áf oaner Seitn a bißl aufs Pedál gstiegn und han's a Stückl hilaufn lassn. Herrlich! Han's scho derreibm kinnt ohne Umschmeißn. Und mit der Zeit oiwei längerne Streckn. Und áf oamoi han i mar hoit traut und han de recht Háxn ünter der Stang durigschobm zu den zweitn Pedál umi! Und han trett! A fünf- a sechsmoi rundum! Des han i iazt öfter tan, wann mi neamt gsehgn hat, und as is mar nárrisch lusti gwen. De aufgschundna Schienboaner habnt mar überhaupt net wehtan.

A so han i s Rádlfahrn glernt. Wia r a Wäschklammer bin i obmzwickt áfn Rádl, ganz in der Seitn dran. Weil von Sitz aus han i d Pedal net derglanga kinnt.

„Ja, der fahrt eh scho wia s Luader!" habnt meine Brüader gsagt, wias mi amoi gsehgn habnt. I bi sogar scho a paarmoi zon Kramer gfahrn um Zündhoizl und um an Germ. Grad der Vater hat nix gwißt vo meiner Kunst, und daß i mar oiwei hoamli sei Rádl ausleich.

Wann i'n hoit amoi fragat: „Vater, derf i a weng mit dein Rádl fahrn?", da wurd er sicher sagn: „Du? Rádlfahrn? Du hast ja an Arsch nuh z'nahat bein Bo'm! Du kannst ja mit de Füaß d Pedai net derglanga!" – A so wurd er sagn, des woaß i zerscht scho. An gscheidern iss, i frag gar net und führ eahms oanfach vor, daß ers siahgt, wia guat i's scho kann!

Und wirkli! Sumer iss gwen, und der Vater sitzt áf der Sunnbänk daußt üntern Behm-Öpfibám und tuat dengln. Oa Sengst hat er grad in der Reißn, und zwo hat er áfn Bám auffighängt, áf de herüntern Äst; de kemant darnah dran zon Dengln.

Heint páßts, denk i mar, heint mach i mei Fahrrádlprüafung! In
Hof herinn wer(d) i áfsteign, fahr schneidi umi ums Hauseck,
schnurgrad bein Vatern und seine Denglstöck vorbei, nacher
wer i nuh an elegánte Kurvn dráhn, und steig a', direkt vor
eahm, wia wann gar nix wár und eiskalt, wia r an alder Rennfahrer. Da werd er schaun! Und werd sagn: Já! So guat kannst
du scho rádlfahrn? Da kannst iazt mei Rádl öfter habm!

A so han i mar des ausgrechnt ghabt. Han aber an Hund drin
ghabt in meiner Rechnung: unsern Hund, an Mordstrumm
Wolfshund! Weil wia r i áfgstiegn gwen bi in Hof drinn und han
mi umigriebm ghabt gegen d Denglbánkl und wüll grad eiskalt
und schneidi bei mein Vatern vorbeidüsn, da rennt mar unser
verdammte Hundsleischn akkrát vor mei Rádl, sodaß i aus-
weicha muaß. I kimm a d Wies einh und áfn Schoder, s Rádl
fangt s Hupfn an und i s Gaukln und s Gaustern, midn Kopf
renn i oa Sengst von Bám aher, und a so bin i zuigschodert und
zuigschebert áf mein dengládn Vatern, daß's grad grumpit hat. S
Rádl is gegn an Denglstock gsprunga, und i bi daglegn wia r a
z'máhde Heppin.

Der Vater hat schnell um de zweit Sengst glangt und hats aher
von Bám; weil de hat áh scho hin- und hergschnoit und is grad
nuh a weng ghängt, genau oberhal meiner.

„Sakramentsbua!" hat er gsagt, „du hast a Glück ghabt! Was
moanst denn du, wann dar de Sengst auffifallt! – Was tuast denn
du überhaupt mit mein Rádl, wannst net fahrn kannst?!"

I han mi áf koa weitere Debatte einlassn mit mein Vatern, bi
müahseli aufkreilt, han mar d Oibogn und d Knia a'gwischt,
weils so drecki gwen hánd und s Bluat hat a weng auerzahnt.
Nacher häd i s Rádl zsammklaubt, aber der Vater hat gsagt, i
brauchs gar nimmer anrühn; áh in Zukunft net.

Naja, a so bin i hoit ganga, wieder z Fuaß. I han ebm mei erste
Fahrrádlprüafung net bestandn.

Die Knödelmahlzeit

Jeder, der a weng in meine Büacher einigschmeckt hat, woaß, daß i als junger Mensch a recht a fáder, spitzfindiger und hoagliger Esser gwen bi. Net amoi bein Militär is mar des ganz verganga.

Heint nuh derf net des kleanste Hautfetzerl áf meiner Milisuppn umanandschwimma, vorn Kaffeesatz graust mar, und wann i an so an woachn Bázbunkl siahg, beidlts mit a'. Aber des Oiergreisliger, wass für mi gibt, is a kalder Knödl áfn Teller. S Anschaun halt i ja nuh grad aus, aber essn, an kaldn Knodn essn, nán! Da wehrt si mei Gurgl dagegen, da reckts mi.

Wia i nachn Kriag mei Dokterarbat gschriebm han, übern Innviertler Dialekt, da bin i überoi umanandgroast, midn Rádl, und han d Leit ausgfragt, und hauptsächli de altn, wei de ja de ursprüngliche Mundart am bessern wissn.

Kimm i da amoi gegn Mittag in a Bauernhaus und sitz mi zo der aldn Bäurin in d Stubm eini, zon Tisch zui, und frags aus. De Bäurin is ganz de richtige gwen für den Zweck: a ganz an einheimische, hoabuacherne, de ihr Lebta nia aus de Hoizschuah auerkemma is. De hat de aldn Dialektwörter oisand gwißt, und wia mas früher ausgsprocha hat. Aber áf oamoi hats mi gfragt, ob i net ebbs zon Essn mecht, weils ja grad Mittagszeit wár. Und des is der Moment gwen, wo i an verhängnisvoilln Fehler gmacht han. I han nämli „Ja" gsagt und „Bittgarschen". Mei Liaber, des han i bereut.

„Unserne Leit habnt scho gessn", hats gsagt, „vor a guadn Stund. Aber as is eh nuh ebbs bliebm." Und is in d Kuchl aussi und hat mar áf an anpatzten Teller an Mordstrumm Knodn bracht, an kaldn, und a Messer und a Gábi. De hats eh nuh net a'gwaschn ghabt. Und daß i a weng a Zuaspeis äh han, hats de Restl vo de drei Salatschüsserl in oans zsammgschütt und hat mars serviert. „Guadn Áwadit!" hats gsagt, hat si áf d Soff gsitzt und hat mar genau zuagschaut.

Iatzt bin aber i a so a Mensch, der neamt wehtoan kann, der net gern widerspricht, der oiwei an liabern nahgibt. Wei i halt so grundanständi bi – und hübsch feig.

Zerscht amoi han i mar halt áf jedn Foi nix ankenna lassn, wia schlecht s mar geht und wia mar vor den Knödl graust. I han tan, wia wann nix wár. Nimm s Messer und s Gábi und schneid de Knödlkugl amoi in der Mitt ausanand. Recht langsam, damit Zeit vergeht. Dann leg i den oan hoibatn umständli mit der flachn Seitn áfs Teller, ruck mar'n midn Gábi zrecht und schneidn wieder in der Mitt duri. Aber oiwei schen langsam und bedächti, daß d Zeit vergeht. Wei ganz umasunst hánd de Sprichwörter áh net: „Kommt Zeit kommt Rat", und „Zeit heilt Wundn".

So, denk i mar, iazt han i an halbatn und zwao Vierdl. Hánd scho fünf Minutn verganga, und han nuh nix z'essn braucht. Iazt schoib i, aber oiss recht langsam, oans vo de zwoa Vierdl a weng áf d Seitn, zo den halbatn umi, und dem zweitn Vierdl setz i s Messer an und schneids in lauter Brocka. Schen langsam. Is oa Ding, denk i mar, wanns a weng lang hergeht, wei kalt is er eh scho. Hánd scho wieder fünf Minutn verganga und han nix essn braucht. Dazwischn han i recht vül gredt mit der Bäurin, übers Weder, übers Mistfahrn und übern Dialekt. Hánd scho wieder an etla Minutn verganga!

Da hat ma áfn Kuchlherd daußt ebbs zischn ghert, wia wann a Wasserhäfn übergeht. D Bäurin is áf vo der Soff und in d Kuchl aui. In den Moment han i mei Aktntaschn áfgrissn und han de ganzn gschnidna Knödlbrocka mit oan Wischer zu meine Mundartpapiere einigstroaft.

Wia d Bäurin wieder kemma is, han i tan, wia wann i fleißi beißat, und han feierlich des zweit Knodnviertl áfgschnidn, in lauter Brocka. Des hat áh wieder fünf Minutn dauert. Dann hán mar wieder recht gschmátzi gwen, mir zwoa, und habnt über s Küahmelcha gredt und über alde Mundartwörter. Áf jedn Foi, Zeit is verganga, und i han nix essn müassn; i han grad oiwei meine Brocka a weng umanandgschobm in mein Teller drin.

Schließli hat si d Bäurin doh nimmer ganz áfhaldn lassn von ihrer Hausarbat und is für a Zeidl verschwundn, in d Kuchl außi. Da hat mi der Áwadit packt, ganz gách, und áf oans zwoa drei hánd de ganzn Knödlbrocka verschwundn gwen – in d Aktntaschn han is einhgstroaft. Mittn zwischn mein schneeweißn Papierzeig und de saubern Wortlistn hán de patzign Knödlbrocka drinpickt.

D Bäurin hat si net amoi eignst gwundert, wias wieder kemma is, daß i áf oamoi so bráv gessn han. „Damit s Weder schen bleibt!" hats gsagt und hat mei Teller weggrámt. „Salatesser bin i halt gar koaner!" sag i. Weil an Salat han i überhaupt net angrührt, und in mei Áktntaschn han i'n áh schier net eihschüttn kinnt. Wei si da meine Mundartwörter a so midn Essi ansaufatnt.

I han mi nimmer lang áfghaldn, han mi schen bedankt für de guade Knödlmahlzeit und bi ganga.

Wia i ums Eck umigwen bi, daß ma nimmer hersiahgt, da is a Hund gsessn vor an Haus und hat mi ankallt. „Her s Schimpfn áf!" sag i. „I han dar ebbs mitbracht!" Mach mei Aktntaschn áf, fang den halbatn Knödl außer und häd eahm an higschmissn. Aber wia r i áfzogn han, is der Hund davogrennt. I han eahm an nuh nahgschmissn, aber er hatn net mögn. Was a gscheider Hund is, der mag ebm koan kaldn Knödl. Grad de hergschnidna Brocka, vo den zweitn Knodnvierdl, de han i anbracht. „Bi bi bi!" han i gschrian, „bi bi bi!" Da hánd a sechs a siebm Henna dahergrennt. De habnts mögn.

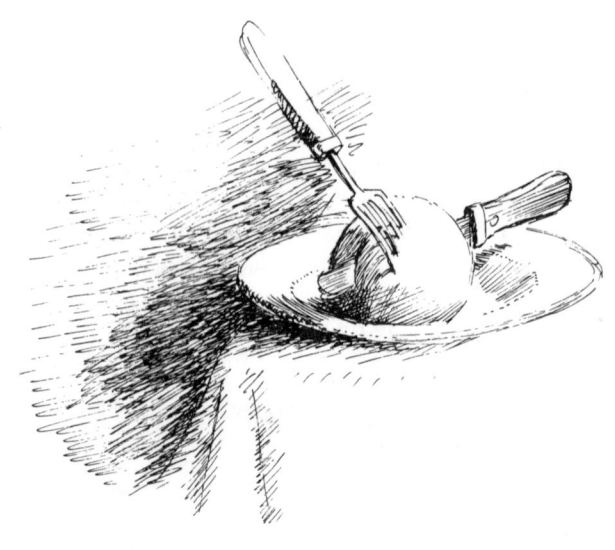

Der Guglhupf

De Frau Gruaber is a tüchtige Hausfrau gwen, aber sunst eigentli nix. Des hoaßt, a bráver Mensch iss nuh gwen und a guade Köchin. Des mechts eh toan! Und a guade Fuchzgerin iss áh nuh gwen und a Goidhaubmträgerin außerdem. Und recht ákkrát is gwen, und in ihrn Haus hat oiss grad gspiaglt vor lauter sauber. Aufn Stubmbodn hädst essn kinnt. Und wanns amoi Gäste in Haus ghabt hat, eh grad Nachbarsleut oder Verwandte, da häd sa si in Toud gschamt, wann net oiss, bis áfs Letzte, in Ordnung gwen war.

Oamoi hat eahner Goidhaubmgruppm a Jubiläum gfeiert oder sowas oder a kloans Fest, und da habnts eah a hochgestellte Frau vo der Landesregierung z Linz eingladnt, de für de Goidhaubm a weng zuaständig is, de Leiterin von an Landesinstitut, eine gewisse Frau Hofrat Katharina Dobler. Sie kimmt, hats sagn lassn, und tát sogar gern bei eah über Nacht bleibm, bei oaner vo de Goidhaubmfrauen, wanns gáng. Freili gehts, habnt de Goidhaubmfrauen gsagt. Aber an iade hat gmoant: Bei mir net! Bei uns dahoam iss z'weng schen! Bei der Nachbarin pássats besser!

A Zeidl is umanandgstrittn wordn, aber áf oamoi hat oane de Frau Gruaber vorgschlagn. Da hánd glei oisand dafür gwen. Und d Frau Gruaber áh net direkt dagegn. A weng nervös iss scho wordn. A so a gstudierte Frau bewirtn, a feine, vo Linz, vo der Landesregierung, des is net so oanfach! Was soitst denn so oaner kocha? I woaß ja net amoi, wia mas anredt! – Frau Hofrat hoit, Frau Hofrat! Und abendessn toan mar eh nuh gemeinsam in Wirtshaus. De werd si dahoam vorn Bettgehn an Magn nimmer anschoppen woin! – Ja! Aber zun Frühstück? Da gherat si ament a recht a feine Tortn?

Oine vo de Goidhaubmfrauen is dabeigwen, de hat de Frau Hofrat Dobler scho a weng kennt. De hat gsagt: „De? De braucht net unbedingt a städtische Tortn. Des is a ganz a gemüatlige, voikstümliche Person. De is sicher mit an Guglhupf áh zfriedn zun Frühstückskaffee!" – Ja, habnt si iazt mehrer gmeldt: De is für die ländliche Küche. De mag an Guglhupf!

„I häd ihr an Tortn áh gmacht", sagt d Frau Gruaber, „aber wannts moants, kriagts halt an Guglhupf!"

Nächstn Tag hat d Frau Gruaber ihr Häusl áf Hochglanz bracht. Z'mittag iss ferti gwen midn Hausputz und hat si midn Guglhupf beschäftigt, zerscht amoi in Gedankn. Sie is a guade Köchin gwen und hat in ihrn Lebm scho gwiß hundert Guglhüpf gmacht ghabt. Und habnt ihr oiwei guat gratn. Nix leichter wia r a so a Guglhupf! Und desmoi werds an bsunders guadn herrichtn! So ákkrát hats umanandgwerklt midn Toag und so schen hats eahm tan den ganzn Guglhupf, und überoi hats a weng mehrer gnumma vo de guadn Sachan. Hat ja der Toag scho so fein gschmeckt, wiasn ins Rohr einhgschobm hat!

Wiasn wieder auerzogn hat nach ara Stund, da hat d Frau Gruaber recht sonderbar dreingschaut. Der Guglhupf hat net ausgschaut wia r a Gugl, und ghupft is er scho gar net. Er hat si duckt und is ganz niader dringsessn in sein Modl. Sitznbliebm is er halt. A so a fester, schwárer Batzn. Des oane Guade hat er ghabt: Er is leicht und schen aus der Form ganga. Vor lauter schmieri und schwár und specki.

„Malefizluader!" hat d Frau Gruaber gsagt, „des muaß mar grad heint passiern! Mit lauter guat moann! Was tua i denn mit den Batzn? Af jedn Foi muaß i an neichn bacha!"

D Frau Gruaber hat wieder vorn angfangt, midn Mehl und mit de Oar und midn Fett, und midn Zucker und midn Backpuiver. Und desmoi hats sogar überoi a bißl wenger gnumma, als in Rezept steht, vo de guadn Sachan, daß der Toag schen gring und pflámi wird.

Aber oiwei hats nuh weidergstruwelt mit ihrn erschtn Guglhupf. Um sovül mehrer Buder häd i eh net gnumma ghabt, daß er glei a soo sitzn bleibt! Und dabei hats ihrn aldn Guglhupfmodl a so derschaut. Des schwarz Trumm des alt! An den Modl kunnts áh liegn! An den aldn Blechtrumm den grauslign! Da is ihr áf oamoi a Liacht áfganga.

Glei iss in Mantl einhgschloffn, is zun Kramer glauffn und hat an neichn Guglhupfmodl kauft, an schen. Der hat grad glanzt vor lauter Weißblech. Den hats a weng gschmiert, aber net z'vül, daß er ja net wieder sitzn bleibt, der Toagerling. Recht ábatitli hat oiss ausgschaut, wiasn ins Rohr gschobm hat.

Wiasn nach ra Stund wieder außerzogn hat, is er so schen aufganga gwen, kuglrund, und so goidgejb, daß a Freid is zun Anschaun. Glei hats a Bredl áf d Anricht higlegt und hat den schen Guglhupf dráfgstürzt. Dann hats an Modl a weng áfghebt und hatn rundum mit an Messerruckn a weng a'klopft. Aber er hat sie net grührt. Drum hats a feichts Tuah drüberbroatt und hatn a weng rastn lassn. Nach an Zeidl hat sie's wieder probiert, aber der Guglhupf is net herganga. Da iss langsam nervös wordn und hat oiwei fester hiklopft und highaut, und wirkli: áf oamoi hat er si glest und is endli áfn Bredl gsessn. Aber wia der Guglhupf ausgschaut hat! De ganze schene goiderne Haut is am Modl dranpickt, und der Guglhupf sejber hat ausgschaut, wia wann d Mäus drüberkemma warn und hädntn rundum angfressn. Überoi áfgrissn und voi Löcher und Hügl, wia r a Reliefkartn vo de Hohen Tauern oder wiar a Mondlandschaft. De Frau Gruaber hatn ganz bes angschaut und hättn an liabern beim Fenster außigschmissn.

A Zeidl hats oiss hänga lassn und is von Rehrn net weit wegger gwen. Nachern hats gsagt: „Was bin i áh a so a Rindvich und nimm an neichn Modl! Und woaß doh eh an iade Köchin, daß da der Toag anwachst! Und zweng gschmiert han i'n áh! Und zweng Semmibresl! Mit dem Guglhupf trau i mar net vor d Frau Hofrat! So, iazt kann i nuh an drittn bacha!"

Iazt hat aber d Frau Gruaber wieder den aldn Modl gnumma und hat für an neichn Guglhupf angricht, den drittn. Und den hats genau a so bacha, wias bei ihre frühern Guglhüpf tan hat. Und wirkli: Er is närrisch schen wordn, goidgejb und pflámi, und is ganz leicht aus der Form ganga, direkt außergrutscht. Nachern hatsn in d Speis gstöllt, nebm de zwen verkrachtn. Da hat er ahergschaut vo sein Regal wia r a Schönheitskönigin zwischn zwo Stoidirna.

Am nächstn Tag is wirkli d Frau Hofrat Katharina Dobler bei der Frau Gruaber über Nacht bliebm. Spät áf d Nacht hánds hoamkemma, und de Frau Hofrat hat wirkli koan Guglhupf nimmer mögn vorn Bettgehn.

Am Morgn drauf hat d Frau Gruaber in ihrer Kuchl an Tisch deckt fürs Frühstück. Des schenste Tischtuach hats áfbroat, des teuerste Prozellangschirr aus der Lad grámt und a brinnade Kerzn áfgstöllt. Und nachern hats den Guglhupf aus der Speis gholt. Wia der Pfarrer am Kránzltag d Monschtranz – so feierli hatsn dahertragn. Wunderbar hat er ausgschaut mit de elegantn Kurvn, wia dráchslt, und über und über ist er mit an feinn Staubzucker angschneibt gwen. Den hats mittn áfn Tisch gstöllt, aufn Ehrnplatz.

Und jetzt hats ihrn hohen Gast gholt und hatn in d Kuchl gweist. „Mein!" hat d Frau Hofrat gsagt, „Frau Gruber, Se sánd ja a Künstlerin! So an schenn Guglhupf hab i nuh net oft gsehgn!" Aber wia d Frau Gruaber jetzt a großs Kuchenmesser gnumma hat und häd des Wunderwerk anschneidn wolln, da is ihr d Frau Hofrat in d Händ gfalln. „Sánds mar net bes, liabe Frau Gruaber! Aber i mecht halt so gern a Butterbrot zum Frühstück, a ganz a gwehnligs, bittgarschen, mit Salz und Pfeffer. Des schmeckt mar oiwei am besten! Und außerdem soll i eh koa süaße Mehlspeis essn; i hab a weng mitn Zucker z'toann."

Und weil d Frau Gruaber a recht a bráve gwen is, hats sejber äh r a Buderbrot g'essn zu denseln Frühstück. Und der Guglhupf, der dritte, dens mit sovül Müah und Aufwand bacha hat, is unversehrt danebmgstandn und hat zuagschaut.

Der Kurzmeier Wástl als Firmgöd

Bi selm net eignst grouß gwachsn, und bis heint kann i mi ärgern, wann si oaner áf sei Greß an Haufn einbildt. Da kunnt i direkt gránti werdn. Wei an iader Mensch, der a weng a Hirn hat, woaß ja doh, daß a so a langer Lulatsch wegn den net gscheider sein muaß wia r oaner, der a weng z'kurz ausgfalln is. Net gscheider, net tüchtiger, net besser, ja net amoi unbedingt stärker.

Der Wástl is a weng kleaner gwen wia de meistn Manner. Aber er hat sein Ehrgeiz ghabt und hat si recht bemüaht, daß er ja koan andern in nix nahsteht. Daß er a gscheider und tüchtiger Mann is, besser oft aswia r a so an áfgschossner Samstingl. Und wann amoi oaner gmoant häd, er kunntn a weng anzwicka wegn seine kurzn Háxn, der häd in a Woissnnest glangt.

Der Wástl hat áh sunst dráf gschaut, daß er koa Ausnahm is ünter de Dorfkuntn, und wia r er schen langsam a guader Zwoanzger gwen is, hat er zu sein Vetter gsagt: „Habts scho an Firmgödn für enkern Buam? Der Bua gfallt mar, und wannts mögts, tát i'n heier firma lassn, an Loisl!"

Der Vetter hat si gfreut und is gern einverstandn gwen. „Da schau", hat er gsagt zu seiner Frau, „iazt habm mar an Firmgödn áh scho für unsern Loisl! Der Wástl hat si antragn." Der Vetter hat si also gfreut, und für unsern kurzgwachsner Wástl is de Firmgödnschaft an Aufwertung gwen und er hat si gfreut áfn Firmungstag.

An Dreifaltigkeitssunnda is d Firmung gwen z Riad. Midn Zug hánds higfahrn de zwen, und a Stund dráf hánds scho in der Kira dringstandn in zwo lange Doppireihan: vorn der Loisl, der

Firmling, und hinter eahm der Wástl, sei Göd. Der Loisl is scho a Mordsbua gwen mit seine zwoif Jahr, grouß gwachsn, boane und beankat; eigentli scho a weng greßer wia sei Göd.

Ja, und a so hánds gstandn in Reih und Glied und habnt áfn Bischof páßt. Da kimmt er scho daher in sein goiderern Gwand, d Bischofsmützn áfn Kopf und den langa Háglstecka in der Händ. Und a ganzer Haufn Geistlige und Mesner um eahm umi. Iazt hánds scho bein Loisl. Der Bischof bet't und redt a weng lodeinisch. Nachern reicht eahm a Geistliger an so an kloan Wattebauschn hi, der Bischof tunkt damit a bißl in a Teller und ribelt an Loisl a weng a so a heiligs Oil áfs Hirn auffi. Nacher streicht er eahm nuh mit zwen Finger a weng übers Wángerl. Und scho is der Bischof ferti und behandlt den nächstn Firmling.

Aber hintnachi kimmt nuh a Geistliger in an weißn Kidl und trückert a de Firmlinge mit an Handtuah de Oilschmiern wieder von Hirn aher. Wia der de zwen gsehgn hat, an Loisl und an Wástl, da hat er an Moment a weng gschaut und überlegt, weils ja hübsch gleich grouß gwen hánd. Aber der oa hoit doh ums Kenna kleaner, der Wástl. Und áf den is er iazt hi und hat eahm s Hirn a'gwischt midn Handtuah. Der Wástl wár eahm scho gern ausgwicha und hat si a weng gwehrt. Aber der Geistli hats scho gwißt, daß häufti Buam des A'wischen net mögnt, und hatn extra gründli derribelt. „Dank schen!" hat der Wástl gsagt, „aber es häd net sein müassn!"

Áf de Prozedur auffi hat der Wástl an Schweißáusbruch kriagt und hat wirkli gschwitzt wia r a Firmgöd. Weils ja de ganzn Kiraleit gsehgn habnt, daßn der Geistli fürn Firmling ghaldn hat. „Nánán! Des hat er net gmoant!" hat sie der Wástl gwehrt, wanntn spöder wer angredt hat áf des hi. „Nánán! Er hats hoit gsehgn, daß i schwitz!"

Sein grobschláchtign Firmling aber hat der Irrtum recht guat angschlagn, er hatn eh net recht kápiert. Der Wástl hat iazt äh r an Buam mit sein Schneiztüachl s Hirn a'gwischt, und wias daußt gwen hánd aus der Kira, hat er eahm oiss kauft und erlaubt, was der Bua mögn hat, daß er ja an guadn Eindruck hoambringt: von Schnitzl, vo de Würschtl, von Luftballon, von Eis und vo sein tüchtign Firmgödn.

A schene Firmung

De vo enk, de meine Büachl a bißl besser kennant, wissnt vielleicht, daß i seinerzeit grad halbats gfirmt wordn bi. Oa werdnt ament iazt sagn: Des kennt ma r eh an seine Büachl, daß da der Heilige Geist net dabeigwen is bein Abfassn. Áf jedn Foi bi grad hoibats gfirmt wordn, weils mei Göd in der Kira nimmer ausghaldn und unbedingt scho is Wirtshaus müassn hat. I hädn eh öfter angredt, spöder, er soit mi amoi nachifirma lassn; aber da hat er net hern wolln.

I kenn aber oan, der hat sein Firmling zwoamoi firma lassn. Tatsächli! Mindestns zwoamoi!

Ja, kinnts scho schaun! Der Heitoier Fritz iss gwenn. Von Heitoier obm! Der Fritz is ja a fidels Haus gwen, wiast seldn oan findst. Oiwei guat áfglegt, an iadn Menschn grüaßt und angredt, und oiwei voller Gspoaß. Liab is er gwen, d Weiberleit hat er gern pflánzt, aber áf a feine Art, und áh d Dorfkinder habntn oisand mögn.

Und a so hat er eahm an Ehr draus gmacht, daß er seinn Neffn, den oidern Buam vo sein Bruadern, der genau wia r er Fritz Heitoier ghoaßn hat, zu der Firmung führt.

„Da kannst di gfreun drauf", hat an Buam sei Vader gsagt, „du werst a schene Firmung derlebm! Wei der Fritz, der laßt si net lumpn!" Und er, der Fritz, der Firmgöd, hat áh gsagt: „Fritz, des wird a schene Firmung, wei an gleichn Tag, am Firmungstag, is ja z Riad der Pfingstmarkt! Da is oiss da, was lusti und schen is! A paar Kednprader, a Schiffschaukl, a Heinßlprader, a Rundumschaukl, a Riesnrad, a Geisterbahn, a Teifisrad, a Spiaglkabinett und a Konservenbüchsenpyramide zun Umschiaßn! Und jede Menge Schaumroin und Windrádl und Luftballon!"

Er selber, der Göd, hat aber helder áf d Wirtshäuser denkt und áfs Bräustübi und áfn Sumerkeller.

So, und áf oamoi is hoid der Firmungstag dagwen, und der kloa Heitoier Fritz hat wirkli oiss derfn, was eahm der grouß Heitoier Fritz versprocha ghabt hat. Und dazua nuh in vier Wirtshäuser sitzn und an Dobiliter Krácherl tringa und zwoamoi a Schnitzl essn und dreimoi Würschtl, und fünf Tafeln Schokalad schlecka. Und der grouß Heitoier Fritz hats áh recht guat derwischt: ausgrechnt heint hat er seine bestn Spezl antroffn bein Biertisch, und a Stimmung is gwen und a Gaudi, wia sa si hoid hie und da amoi troifft; aber net oft.

Und a so is der Firmungstag wirkli so ünterháltli verlaufn für de zwen Fritzn ganz nárrisch. Um achte áf d Nacht hánds wieder in Zug gsessn und hánd hoamgfahrn. Und wias es da recht herbeidlt hat in den rumpladn Wagon und habnt a weng an schwárn Schädl ghabt von Bier und a weng an letzn Bauh von Krácherl, da habnts oi zwen áf d Geisterbahn denga müassn: wia da áf oamoi a Touder áfgstandn is und hat midn Schädl gwacklt und a Bär hat mit de Kedn gschebert und a Mordstrumm Fledermaus is eah bein Kopf angstroaft. „Aber Bischof is in der Geisterbahn áh koaner gwen!" hat der kloa Fritz áf oamoi vürerbracht, ganz enttäuscht. „Und Firmungswátschn han i áh den ganzn Tag koane kriagt!" – „Da hast oane!" hat der Göd gsagt und hat sein Firmling oane druckt. „Vergißt der Storax áf sei Firmung! Hädst hoit s Mäul zon Redn áh r amoi áfgmacht und net grad zon Würschtlessn, du Storax! – Iazt hamma glatt d Firmung vergessn!"

Und a so hánd de zwen Fritzn áf Riad gfahrn gwen ins Firma – und hánd ohne Firmung wieder hoam. Se hánd überhaupt in koa Kira einhkemma. Gibt häufti, de hädnt si in a Mausloh verschloffn vor lauter Schama. Der Fritz net. „Des hamma gleih, Bua!" hat er gsagt. „Mit mir zahlst net drauf! Áfs Jahr wirst wieder gfirmt, und desmoi fahrn mar áf Salzburg! I laß di so lang firma, biss klappt!"

A Sauschwoaf für de Front

Der Kriag is ebbs Grausligs, hat der Ober Wirt z Ousternah gsagt. Überhaupt für d Soidadn in Fel daußt. Aber de dahoam bliebm hánd, habnt eh áh nix zlacha. Wannst a Wirt bist, der anderleit áh ebbs vergunnt, da mechst halt an Gast áh ebbs histoin áfn Tisch, und net grad a Wassersuppm. Aber net amoi a labe Bluatwurscht kannst wem áftischn, wannst net zerscht a Sau a'stichst – aus de Sagschoatn werdns awei nix. Derfst aber koa Sau stecha, wanns dar net bewilligt is vo der Schandarmerie.

Ja, de Bauern daußt in Gäu, i der Oaned, da rennt scho hie und da a Sau as Messer einh, hoamli. De kann gar net so laut schrein, daß mas bis zon Nachbarn umiherat. Aber bei uns da, mittn in Dorf, da kannst koa Wurschtrádl essn und koan Löffi voi Fleischsuppn, ohne daß dar wer zuaschaut, bein Fenster einer, und ohne daß grad wer daherkimmt.

Der Wirt hat aber doh – aus Barmherzigkeit zu den Mitmenschn – oane áf der Seitn ghabt, a Möstsau. De hat er aber net in Saustall ghaldn, sondern in an so an Gwölb zwischn Hennastoi und Kaibistoi, wo lauter alds Graffi dringwen is und koa Mensch nix zsuacha ghabt hat. Dort hat er de oa Sau dringhabt, de hoamli, de schwarz, und hats oiwei sejber gfuadert. Net amoi de rumänisch Dirn hat ebbs gwißt davo. Und daß sie de Sau schen stádhabt den ganzn Tag und zo de Mahlzeidn net ums Fuader schreit, hats Tag und Nacht an Barn voighabt. Mein, de Wirtssau, de Gwoilisau de ausgsuacht, de hats schen ghabt! Sie is áh net erfaßt gwen, aktnmäßig und steueramtlich und staatspolititsch, weil ers vor der lestn Viehzählung scho davo und in den Gwölb versteckt hat. Sie is untergetaucht gwen. A Untergrundsau.

Eines Tages hat aber der Wirt endli wieder amoi a Sau a'stecha derfn, amtlicherseits und von der Behörde bewilligt. Am Miricha sticht er, hat er angmeldt, an Miricha vormittag, und der Schandarm soit eahm de Sau anschaun und soits protokollieren. Er kimmt scho, hat der Schandarm gsagt, aber wahrscheinli erscht an Tag drauf, weil er an Miricha anderswo dienstlich beschäftigt is. „Is scho recht", hat der Wirt gsagt, „i

149

wer(d) d Sau ausanandhacka und de zwo Schweinehälften in Keller drunt áfhänga áf de Fleischhágn. Aushacka kann is eh erscht, wanns auskühlt hánd." Und hat recht gleichgülti dreingschaut, aber hoamli hat er si gfreit.

An Miricha vormittag hat iazt der Wirt sei Sau a'gstocha, aber net grad de amtliche, de bewilligte ausn Saustoi, sondern äh sei Untergrundsau aus dem hoamlichn Gwölb. „As geht in oann Schrein!" hat er gsagt und hats oi zwo hinteranand a'gstocha, hat an iade schen in der Mitt ausanandghackt und hat iazt da vier Schweinshälftn vor eahm liegn. Iazt is er trábi wordn: Weil zwo so halbade Sau habnt schnellstns verschwindn müassn. Der Wirt hat scho gwißt, wo ers hituat. In a paar Minutn hánd grad nuh zwo daglegn, de bewilligtn! Und de hat er in aller Gemütsruhe inn Keller abitragn und hats nebmanand áfghängt áf de Fleischhágn, damits der Schandarm morgn besichtign und a'stempeln kann, de Sau, de oanzi!

Den andern Tag is der Schandarm scho dahergroast zo seiner Amtshandlung. Er hat a Listn mitghabt vo der lestn Viehzählung und hat festgestellt, daß in Saustoi wirkli nur eine Sau fehlt, eben die abgestochene. Dann hat er nuh s Fleisch anschaun müassn, in Keller drunt. Da hánd de zwo Schweinehälftn ghängt, de amtlich bewilligten, schen nebmanand.

Aber ...! Der Wirt selber hats zerscht gsehgn, heint erscht, iazt erscht! Gestern iss eahm net áfgfalln! An iade Hälfte hat an Schwoaf dranghabt, an ganzn Schwoaf! An schen, an dickn, foastn Sauschwoaf! Der Wirt hat d Hacka net daghabt, sunst häd er si selm áfs Hirn ghaut!

Da hats der Schandarm äh scho gsehgn, de zwen Sauschweaff von ara oanzign Sau! „Wirt", hat er gsagt, „wo hánd de andern zwo?" – „De oa hängt an Rauhfang obm", hat der Wirt gsagt, „de ander liegt in Surkübi drin."

Ja, des is a saublede Gschicht gwen, de Gschicht mit de zwen Sauschweaff. Sie is aber fürn Wirt nuh amoi guat ausganga. Der Schandarm hat nämli sein Einberufungsbefehl scho in Sack ghabt und hat übermorgn einrucka müassn. Er is a guader Kerl gwen und hat eh mit seiner Schandarmerielaufbahn nimmer vui Freid ghabt. Der Wirt hat eahms ankennt und hat gsagt:

„Gstohln han is eh net de Sau! Sie hat eh mei Fuader gfressn und mei Geld! Für d Front häd i's halt liefern müassn, für d Soidadn. Da wárs mar sogar zahlt wordn! – Aber vo de Soidadn, da häd i eh oann da!" Und hat des grouß Messer packt, des áfn Fleischstock glegn is, und hat oaner Sauhälfte an Schwoaf a'gschnidn, den überflüssign, den verhängnisvolln Sauschwoaf, den verdammtn! Den hat er ahergsábelt, aber scho so überhaps, daß de halbat Arschbacka nuh dranghängt is. „Den Sauschwoaf spendier i für d Front!" hat er gsagt und hatn an Schandarm, dem designiertn Soidatn, in sei Diensttaschn einhgschobm, daß es bal zrissn häd.

Der Schandarm hat gar net higschaut, und hat net ja gsagt und net nán. Er is ganga. Aber d Taschn hat er mitgnumma – zsammtn Sauschwoaf für d Front.

151

Des fremde Weibsbüld aufn Heubodn

I woaßs net, wia langs ebba her is und seit wann sogar jede Bauerndirn scho an Spiagl liegn hat in ihrn Nachtkástl. Freili werds áh r amoi Zeidn gebm habm, wo d Leit nuh koan Spiagl kennt habnt; und irgnd amoi is wohl áh der Tag kemma, wo jeder Bauernknecht und jeder Bauer des erschtmoi in an Spiagl gschaut hat.

s Zederhaustoi is der allerletzte, godverlassne Winkl in Gebirg drin, in Lungau, und ganz hint in den Toi schmoigt si nuh a Derfi mit ra kloan Kira und a paar Bauernhäuser zwischen Stoantrümmer und Bám. Dort is der Andrä dahoamgwen mit seiner Bäurin und an etla Küah. Aber heint nahmittag mag er furtgehn, hat er gsagt, der Andrä, áf Sankt Michael aui ins Murtal. Dort is zwar d Welt áh mit Breder verschlagn, aber gegn Zederhaus iss halt doh, wia wannst vo Hennernestling áf Riad kámst. De habnt sogar an Kiritag, de Sankt Michaeler, und der is heint!

Der Andrä hat an guadn Schrid. In zwo Stund is er áfn Dorfplatz vo Sankt Michael und schaut eahm de Kiritagherrlichkeitn an áf de Stánd. Wass da oiss zon Kaufn gáb, wann oaner a Gejd hat! Ganz guat habnt eahm so kloane Büldtafeln gfalln mit wunderschene Büitl hinter Glas. Zum Beispül a saubers Dirndl, des an Bleamibuschn in der Händ hat. Aber áf a paar so Táferl is überhaupt nix dráfgwen, grad a Glas. A söchers hat er áh in d Händ gnumma, der Andrä. Aber wia r ers vors Gsicht habt, is áf oamoi doh ebbs dráfgwen, a richtigs Büldl: A fescher junger Mann is dráfgwen und hat außergschaut aus den Büldl; wia wann er lebat. Der Andrä hat si ja selm net kennt und hat nuh nia in an Spiagl gschaut ghabt. „Des ischt ja a Zederhauser!" sagt er. „Er hat unser Tracht an! Daß i den net kenn?! I han gmoant, i kenn de Zederhauser oisand! – Schen is er áfgmaln. Und rührn tuat er si ah! Wia wann er lebat!

„Was koschtet denn des Büldl da?" fragt der Andrä den Marktfahrer. Es is net teuer gwen: um zwen Schilling hat ers kriagt.

Der Andrä hat nachern nuh a weng umanandgschaut áfn Kiraplatz, hat in an Gastgartn a Bier trunga und hat sie wieder áfn

Hoamweg gmacht. Aber oi Vierdlstund hat er sei Büldl wieder auergfangt ausn Kálier und hat sein Zederhauser Landsmann a Zeidl betracht. „Er ischt scho nuh da!" hat er an iadsmoi gsagt. „Und a Zederhauser ischt er áh! Und a fescher Kámpi!" Und hatn wieder eingschobm.

Wia r er scho gegn sei Haus zua kemma r is, hat ern nuh amoi außer und hatn genau derschaut. „I woaßs net", hat er gsagt, „a so a fremds Mannerleit ins Haus bringa? Grad daß ma d Weiberleit nárrisch macht! De ischt eh nia zon traun! – Nán!" sagt er, „ins Haus kimmst mar du net!"

Und a so is er zerscht hintumi ganga, zon Heustadl, und hat sein Landsmann, den feschn Zederhauser, in Heubodn auffi. Dort hat ern an a gwissn Stöll in Heustouß einhgschobm, daß ma'n nimmer siahgt.

Sei Bäurin hat si gwundert, daß er desmoi überhaupt nix hoambracht hat von Kiritag. Aber er is heint net recht gschmátzi gwen.

An de foigendn Tág hat er natürli sein hoamlign Hausgast net ausn Kopf bracht, und oft, wanntn neamt gsehgn hat, is er an Heubodn auffi und hatn vürerzogn und angschaut. „Er ischt scho nuh da!" hat er gsagt und hat si hoamli wieder davogmacht.

Aber sie, sei Bäurin, hat sei Lauferei scho lang bemerkt. „Was tuat er den oiwei áfn Heubodn obm?" hats gsagt. Und wia r er amoi mit der Hacka ins Hoiz ganga r is, is sie auffikráxlt áfn Heustouß, siahgt a dunklig Loch, glangt einh und ziagt des Kiritagbüld auer, den Spiagl. Und wiasn nachern angschaut, oder besser, wias einhgschaut hat a den Spiagl, da iss vor Zorn ganz rout anglauffn. „Denkt han i mars", hats gschrian, „daß a Weibsbüld dahintersteckt! Und a so a greislige áh nuh!"

Hasenrupfen

„Bein Hoiznázn" iss a so a kloans Sáchl gwen, bein Hoiz obm. Vül hat er net ghabt, der Náz. A Wei hat er ghabt, a brávs Wei, und zwo Küah, zaundürre, und a Hoanzlbänk zon Hoizschuahmacha. Sunst hat er net vül ghabt. Na, a Flobert hat er nuh ghabt, a Kleinkalibergwehr. Und bein Hoiz obm is er dahoam gwen, glei nebm an Hoiz.

Mit den Flobert, da schoiß i hie und da in d Luft. De mehrern Reh a weng vertreibm, hat er gsagt. De stándnt den ganzn Tag in meiner Wies drin und fressnt mei Gras, und meine oagner Küah derhungernt mar in Stoi. Und d Hasn werdnt oiwei frecher, de siahgst an helliachtn Tag vor meine Stubmfenster daußt fangaspüln, und bei der Nacht kemmans mar ins Gártl einh und fressnt mei Kraut. Und s Wei und i wissnt net, was mar beißn sollnt.

Drum hat der Náz a Flobert ghabt. Zon Gwüld vertreibm, hat er gsagt, zu anderleut. Zu eahm selm hat er gsagt: Wer a Vich des ganz Jahr fuadert, dem gherts eigentli. D Hasn und d Reh fressnt a ganz Jahr mei Gras.

Er is a recht a vorsichtiger gwen, a stáder. D Leit habnts scho gwißt, daß eahm d Hasn net grad as Gartl einhkemmant, sondern oft oaner, a recht a gschentiger, sogar in d Brátlrein. Hat si nia neamt angrennt dran. D Leit habnt eahm de kloa Zuabuaß vergunnt, dem arma Häuter.

Aber oamoi, da hat der Náz a Pech ghabt. Er hat grad in Gártl g'arbat, da hoppelt a Háserl danner von Hoiz, eigentli a Mordstrumm Has. Der Náz hat si duckt und is ums Gwehr einhglauffn a d Hoizhüttn. Ünter de Scheider hat ers oiwei versteckt ghabt. Und wirkli, der Has hat eahm bidn, bis er wieder dagwen is. Zwischen de Ribislstaudan hat er auigschossn, und der Has hat d Háxn beidlt. Der Náz is doiglauffn und hatn zuaher und as Haus einh, und ünter oan Stáffi vo der Houhaduilnstiag hat ern versteckt.

Iazt hat aber grad zu derer Zeit der gräfliche Förschter an Pirschgang gmacht mit seinn neichn Forscht- und Jagdgehilfn, dem er s Revier zoagn müassn hat. Se hánd ament a drei- a vierhundert Schrid weggwen, nuh a weng in Hoiz drin. Da is an Adjunktn gwen, es is a Schuß gfalln, von an Kleinkalibergwehr. Se gehnt de paar Schrid aui ausn Gstauderat, und der Ferschter schaut duri sein Gucker umi gegn an Hoiznázn sei Heberi. Weil dem Hoiznázn, dem traut er net recht. Ma hert oiwei, daß er wuidlt. Und wirkli, da kimmt der Náz grad hintern Scheiderstouß vürer und tragt ebbs gegns Haus hi, hübsch flink und gách. Des schaut genau aus wia r a Has!

„Da hast an Gucker!" schreit der Ferschter, „schau!" Und wirkli, der Adjunkt bestätigt eahm, daß der Hoiznáz an Feldhasn bei der Haustür einhtragt. „Und an Schuß hast áh ghert!" sagt der Ferschter. „Iazt hammar'n! Mir sánd zwen Zeugn, des tuats! Der hat uns eh scho häufti Hasn gstohln!"

Natürli, de Sach is vors Gricht kemma. Vorn Gricht hat der Náz ganz armseli dreingschaut. Und so saudumm, wia wann er net bis fünfi zähln kunnt, und tan hat er vorn Richter, wia wann er frei net wissat, was überhaupt a Has is.

Aber der Herr Oberförschter hat ausgsagt, daß der Náz an alder Wülddiab is. Und des pfeiffnet scho de Spatzn vo de Dächer, hat er gsagt. Und jetzt habsn áf frischer Tat ertappt. Er und sei Adjunkt, hat er gsagt, können bezeugen, daß er vor vierzehn Tagn an Hasn gschossn hat. Se habnt an Schuß ghert und habnt mit eigenen Augn gsehgn, wia der Náz an Hasn bei der Haustür einh hat.

„Des laugn i eh net", hat der Náz gsagt, „daß i an Hasn bei der Haustür einh han. Aber Schuß is koaner gfalln! Vo mir net! I han ja gar koa Büchsn. Wia mechst den ohne Büchsn schoissn? I han Scheider klobm, Herr Richter! Da schnalzts áh oft hübsch guating, wann ma r antaucht!"

„Aber die Herrn Jäger habnt an Schuß ghert?" fragt iazt der Richter. „I eigentli net unbedingt", sagt der Ferschter, aber an Adjunktn is a so gwen!" – „Direkt beschwörn kunnt i's áh net!" sagt der Adjunkt, „aber gmoant han i."

„,Gemeint' ist zu wenig", sagt der Richter. Ich glaube, wir müssen diesen Punkt ‚Verbotener Waffenbesitz', fallen lassen. Da hat eahm der Ferschter dreingredt: „Wia häd ern denn derwischt, wann er net gschossn hat. Hat er eahm a Salz auffigstrát áfn Schwoaf?"

„Ja", sagt der Richter, „diese Frage erhebt sich jetzt. Also, Angeklagter, wie haben Sie denn den Hasen in ihre Gewalt gebracht?"

„Gewalt gebracht?" sagt der Náz. „Derschmissn han i'n! Derschmissn! Aber net amoi des han i wolln! Versprenga häd i'n wolln! Versprenga, weils mar oiwei s Kraut anfislnt und de junga Obstbám annagernt. A Scheidl han i doigschmissn dráf, weil i grad Scheiderklobm han. Da ist des arme Vicherl glei higwen! Gháxlt hat er nuh und gschöbelt, wia r i hikemma bi."

„Was toan mar denn mit den Vich?" sag i zu mein Weib. „Ament wurchts sogar zun Essn sein?" sagt sie. „Probiern mars halt", sag i, „bevor ma d Sach verderibm laßt!"

Und a so habm mar halt den Hasn g'essn. „Des is mei erschter und mei lester Has gwen!" sag i zu mei n Wei. A so a Sauarbat! Zerscht habm mar'n grupft, i und sie. Zwo Stund hán mar dranghängt, oi zwoa! Weil d Woll so letz hergeht! Und wia mar'n halbigs nackerts ghabt habnt, hatn sie gsodn, mei Wei, als a ganze. Naja, a so a gsodner Has! Gibt ebbs Bessers! Und d Suppm, naja, wár scho ganga, wenn net sovül Woll umanandgschwumma war drauf!

Und dabei hat der Náz so armseli und so unschuidi dreingschaut, daß er an Richter direkt derbarmt hat.

Der Richter hat sei Schlußplädoie ghaltn und hat an Názn freigsprocha. „Der Angeklagte", hat er gsagt, „hat das corpus delicti eigentlich gar nicht vorsätzlich erlegt. Es hat ihm sogar offensichtlich leidgetan. Er hat auch kaum einen Gewinn davon gehabt, sondern nur Mühe und Ärger. Vor allem aber geht aus dem ganzen Actus hervor, daß der Angeklagte gänzlich unerfahren ist in der Verwertung und Zubereitung von Wild. Es ist daher vollkommen ausgeschlossen, der Angeklagte habe sich schon früher der Wilddieberei schuldig gemacht. Diesbezügliche Verdächtigungen sind strikt zu unterlassen und werden gerichtlich geahndet."

Ganz zfriedn is der Náz hoamganga, auf dem langa Wiesnweg zu sein Haus auffi. Sie is áf der Sunnbänk gsessn und hat gstrickt. „Nánni", hat er gsagt, „heuer wird wieder a guats Jahr. S Gras steht wuzldick, und áf den kloan Wegstückl vo der Straß bis zu uns auffer habtn überoi d Fasanhahna kráht und fünf Hasn han i áfganga!"

Jägerlatein

D Jáger, hert ma oiwei sagn, habnts oft net gar a so mitn Kiragehn. De habnt eahner eigene Religion. Und de vüln Heilign, de a Christnmensch verehrt, vo de wissns gar nix. Se kennant grad a paar, so ausgsuachte, bsunderne, wia den heilign Hubertus und den Eustachius. De sonderbarstn Heilign hánd aber eh d Jáger selm.

Nuh nia hast von ara „Maurermeß" ebbs ghert oder von ara „Tischlermeß". D Jáger, de müassnt selber oane habn, a Meß, ebm a Jágermeß. Des is oane, de recht kurz is. Weils es net länger aushaltnt in der Kira wia r a guate Viertlstund.

Der Hans is áh so oaner gwen, der Metzger, der Viehhandler und Jáger. Hat er doh amoi schier net auskinnt, daß er in d Kira müassn hat. An Himmifahrtstag iss gwen. Da hat er si schnell a weng einhgstoillt, ganz hint, hinter den lestn Kirastui. Er hat eh scho in Sinn ghabt, daß er gen wieder geht, aber da is grad der Zechpropst kemma midn Klinglbeidl. „Gehns scho wieder áf mei Gejd lous!" hat der Hans gsagt. „Der Pfarrer is áh net besser wia meine Bauern! De mechtnt áh oiwei an Viehhandler d Haut a'zoign. Aber heint schneidt er si, der Pfarrer. Vo mir kriagt er nix! I übersiahg'n oanfach!".

Wia der Zechpropst in d Náhat kemma r is, da hat der Metzger pfeilgrad áf d Kiradeckn auffigschaut, ganz andächti, áf des Deckngemälde mit der Himmifahrt Christi. Frei verklärt hat er dreingschaut, wia wann er de ganze irdische Welt gar net sáhg.

Aber der Zechpropst, der Teifi der lästi, is eahm midn Klinglbeidl direkt über d Nasn gfahrn und hat gschebert wia r a Glocknkuah und hatn damit zruckgholt aus de himmlischn Sphären.

„Hans", hat er gsagt, „bevorst in Himmi auffahrst, tuast da nuh ebbs einh! Nachad floigst di leichter!"

Jaja, d Jáger! Der Tierarzt vo – i wissats scho vo wo und i kenn áh sein Nam, aber i sag nix! – also a Tierarzt, den i guat kennt han, is a begeisterter Jáger gwen. Und a begeisterter Názi is er áh gwen. Naja, er hat neamt nix tan. Und wia si de ganz Názigschicht amoi auswachsn werd, des hat damals nuh neamt gwißt, vorn Kriag. A Mitläufer is er halt gwen, der Tierarzt. Und de Zeitschrift hat er ghabt von Reichsjägerbund.

Damals hat das Tierarztehepaar den erschtn Buam kriagt, und der Herr Dokter is zun Pfarrer ganga, d Tauf anmeldn.

Der Pfarrer hat oiss aufgschriebm und hat natürli áh gfragt, wia der Bua hoaßn soit. „Baldur!" hat der Tierarzt gsagt, „Baldur!" – „Aber Herr Dokter", hat der Pfarrer gsagt, „Baldur, des is ja koa christlicher Nam. I woaß nix von an heilign Baldur!" – „Mir habnt uns aber schon áf den Nam geeinigt, mei Frau und i. Und mir bleibmt áh dabei. Der Bua muaß Baldur hoaßn!"

Das ist das neue Heidentum! hat si der Pfarrer denkt. Iazt fangts bei uns áh scho an! Der nächste werd nacher scho Wodan hoaßn wolln! Da tua i net mit!

„Herr Dokter!" hat er gsagt. „Se bringan mi in an arge Verlegenheit. Die Taufe ist die Aufnahme eines Menschenkindes in die christliche Kirche. Baldur aber ist ein heidnischer Name, ein germanischer Gott. Sánds mar net bes: Was wárs denn mit Felix – des is a Märtyrer gwen – oder mit Josef – dem Nährvater – oder mit Alois – dem Patron der christlichen Jünglinge?"

„Nánán!" sagt der Dokter. „Unser Bua muaß Baldur hoaßn!"

„I tauf aber koan Baldur!" sagt der Pfarrer. „I han mars guat überlegt. I tauf koan Baldur!"

„Ja, Herr Pfarrer, wias wolln! Nacher kemmans halt ums Gschäft. Weil i geh einfach zur Konkurrenz! Der Pfarrer vo St. Martin, der is net so kleinlich, des woaß i. Des is a Jagdkamerad von mir, und er is auch ein Hundeliebhaber. Unsere Jagdhunde sánd aus derselbn Zucht!"

„Ja, zu dem gehns, Herr Dokter! Zu dem gehns! I kenn an eh! Und i moan, ös páßts zsamm! Der hat áh de Zeitschrift des Reichsjägerbundes! Der tauft euch eure Söhne, wias es habm wollts. Sogar auf Bello, Treff oder Waldi!

Jaja, mit de Jáger iss a Kreiz! Der oa mecht an Pfarrer nix auf d Tafi gebm, der ander tauft sein Buam auf Baldur. Koa Wunder, daß koa Jáger inn Himmi kimmt.

Vo oan oanzign Jáger wird bericht't, daß er bal inn Himmi kemma war. Aber áh bei den hats a Hákerl ghabt. „Weil mar halt eh nuh koan habnt!" hat der Petrus gsagt. „Wann ma oi zwoa Augn zuadruckat, und d Henneraugn áh nuh, nacher kunnt ma'n ament nehma, daß mar wenigstns oan Jáger in Himmi habnt. Aber, liaber Mann", hat dann der Petrus nuh gsagt, „so wiast bist, kannst net einh. Beichtn gehn muaßt nuh zerscht!"

Da hat si der Jáger scho recht gfreit, wann er áh s Beichtngehn hübsch gschicha hat. Aber es is eh net so weit kemma.

In ganzn Himmi habnts iazt ausgruafn unter de hunderttausnd Glückselign, de da umanandsitznt. „A Pfarrer sollt kemma! An Pfarrer brauchan ma! Zun Beicht a'nehma! Hallo, a Pfarrer soit si meldn!"

Aber wias áh umanandgschrian habnt in alle Abteilungen, bei de Märtyrer, bei de Bekenner und bei de ganz gwehnlichen Selign, in jedn Winkl und in jedn Eck, es hat si koaner gmeldt. „Tuat mar load, Herr Jáger", hat der Petrus gsagt, „du siahgst as selm: Mit der ewign Seligkeit werds leider nix werdn! Weil Pfarrer habm mar áh koann in Himmi!"

Die Ehekrise

„Aber, aber! lieber Herr Kirchsteiger!" hat der Herr Pfoarer gsagt. „In Eurer Ehe kriselts auch? Wenn sogar die Eichen wanken, wia soits denn da dem christlichen Unterholz ergehen? Du bist doch in unserer Pfarre ein Eckpfeiler, der herbabt! häd i gmoant, sozusagn ein katholischer Eckzand!"

Nánán, Herr Pfoarer, beruhign Sie sich Ihnen! So weit is des nuh net! Von Ehescheidung habm mar nuh net gredt! Freili, krisln tuats scho in unsrer Ehe. Aber des is modern, von Fernsehen her. De Midleifkreisis werds halt sein! De is normal für an fortschrittlichn Menschn, de had heint an iader, der was áf sich halt't.

Und außerdem, Herr Pfoarer, mir brauchans den Kopf net gradrichtn. Der meine is oiwei scho grad gstandn. Aber meiner Frau, derer derfatns amoi allerhand umiribeln, Herr Pfoarer!

Sie hat halt lauter so Gewohnheitn, de oann das Lebm sauer machan. Warum muaß die oft justament anders moann wiar i, wo i doh eh de richtige Ansicht häd! Nán, sagt sie, sie moanat anders! Sowas ärgert oann halt!

Zum Beispül: Unsern Nachbarn, den mag i net! Sie is mar liaber, d Nachbarin. Nán! Mei Frau muaß des umdráhn, justament! Ihr is er liaber, der Nachbar, und sie, sagts, d Nachbarin, de kanns net schmecka! – Hán? Muaß des sein? Und für unsern Vetter da, den Versicherungsfalottn vo Hofing, für den is gschlagne dreiviertl Stund highockt und laßt eahm de ganzn Lebkuchn zsammfressn, de i a so mag.

Soitst da net gránti werdn? Und wann i nachern a weng eingschnappt bi, sagts, daß is so weng red. Ja freili, da vergeht dar áh s Redn! Wann dar wer amoi oiss zFleiß tuat! Bei ihr selm wárs eh besser, wanns net sovül redat. Und des Nachiredn oiwei nuh, wann i den Streitpunkt eh scho geklärt han!

Mir an Vorwurf macha, daß i zweng red! Dafür denk i halt mehrer, was sie wieder net tuat! Laßts net neuli de ganz Nacht s Abortliacht brenna! Ja, sag i in der Früah, schmeiß mar glei unser Geld bein Fenster außi! Aber a neichs Gwand mechst scho wieder áf Allerheilign!

Und hat eh den ganzn Kastn voi! Lauter Gwánder, lauter Gwánder! Und Blusn! Daß an ganzn Trachtnverein ausrüstn kunnt! – Ja lauter unmoderne! sagts. – Warum habm mars den nachern kauft? sag i. – Weils damals modern gwen hánd, sagts.

Ja mein! Modern! Hilfe, Herr Pfoarer, mei Frau is modern! Von Scheitl bis zu de Zehannögl! Jaja, richtig ghört! Bis zu de Zehannögl! Roude Zehannögl hats! Und derweil hats eh oann dabei, an Zehannagl, a so an entartetn, a so an ausgwachsna Goashuaf. Áf der drittn Zehan hatsn dran, bein rechtn Fuaß, áf der drittn Zehan. Sie zoagtn eh net gern her, aber angstricha muaß er werdn, rout lackiert.

Is ja grad guat, daßn in Auto drin net guat auspacka kann, ihrn Goashuaf, wanns áfn Beifahrersitz nebm meiner sitzt. Wei da tuat sie oiwei Fingernögl maniküren während der Fahrt. I muaß fahrn und streng mi an und páß áfn Verkehr auf – und sie tuat Fingernögl maniküren. Wanns a weng mehrer Platz häd áf ihrn Beifahrersitz, packats ihre Füaß áh nuh aus, und de Zehan mit den Goashuaf.

Nán, sein tuats was mit derer weiblichen Eitlkeit! Weil i ihr halt zweng Schwung laß; sunst häds an jedn Finger an Ring dran, und an ihre Zehan áh nuh! Denk dar des amoi aus: Zeha Finger hats und häufti Zehan! Und iazt wár da überoi a Ring dran, mit an Stoan, an sündteuern! – Hast eh dein Ehering! sag i. Der mechts ja doh toan! (Wei mir habnt goidrane Ehering! Da han i mi net lumpn lassn!) Für de andern neun Finger, sag i, brauchst wirkli koane Ringe. Wárn dar eh grad in Weg bein Bacha und bein Stubmauiwischn und bei deiner Lieblingsbeschäftigung: bein Staubsaugn!

Wei mit dem Staubsaugn, da mach i was mit, Herr Pfoarer. Der Staubsauger, der burrt bei uns den ganzn Tag. Wia wann oiwei d Dreschmaschin da wár. Oft woaß i gar nimmer, wo i mi verstecka kunnt, a weng in der Ruah. De treibt mi scho auf und jagt mi vo oann Zimmer in des andere mit ihrn Staubsauger. Duri des ganz Haus iss hinter meiner her.

Und weil i ihr mit de Ring net áfs Stuhlerl sitz, mechts in oann Trum ebbs anders. Vor a zeha Jahr han i ihr eh Ohrringl kauft. Gscheider Ohrringl, han i mar gsagt, wia Fingerring, weil Ohrwáschl hats grad zwoa! Und seitdem läutts daher mit ihre Ohrgehänge wia r an Almkuah.

Wár ihr eh vergunnt, wann wenigstns iazt a Ruah wár! Aber sie findt oiwei nuh an koann Juwelierladn vorbei, obwohls eh, wia gsagt, seit zeha Jahr Ohrringl an ihre Loser hat. Grad anschaun a weng de Herrlichkeitn, sagts. Jaja, sagts! in Wirklichkeit zwiderts mi an iadsmoi an, um an Armreifn oder a Brosch. Ja, was denn nuh oiss? sag i. I mecht áh iazt an Liter Bier und han koann! Man kann net oiss habm, was ma mecht!

Überhaupt des Promeniern in der Stadt, des mags! Und i gar net! Da rennts mar oiwei a weng davo, i bi oiwei a drei Schrid hint, wia r a Huntl, des net nachikann. Aber direkt davorenna tuats mar doh net. Bei der nächstn Auslag mit teuerne Sachan, da stehts nachern und páßt – áf mei Briaftaschn.

Und oiwei des Kaffeehaussitzn und Tortnessn! Ich sáß halt liaber an an massivn Wirtshaustisch und vergunnat mar a Bier und an Leberkás! Und net an an so an wackladn Kaffeehaustischerl, wost de ganz Zeit aufpassn muaßt, daßd as net umrennst.

Ja ja, Herr Pfoarer, nix Gemütligs hats net mei Frau. Und vül lästige Eignschaftn hats. Ganz vül! Warum muaß denn bei uns dahoam d Kuchltür oiwei offt stehn?! A Tür ghert zu den, daß ma's zuamacht, sag i. Aber vorgestern hats d Speistür wieder offt stehn lassn! Wia wann sies zFleiß tát! Und gestern is koa Abortpapier áfgsteckt gwen. Und warum stehnt denn heint d Zahnstocher net áf eahnern Platz in Tischeck?

Obs guat kocha tuat, fragst, Herr Pfoarer. Ja ja, kocha tuats eh guat, meistns. I sag ja áh nix von ara Scheidung, Herr Pfoarer. Aber zuaredn derfatst ihr holt amoi, daß wenigstns d Zahnstocher áf den richtign Platz stöllt. Bei uns gherns inn Herrgodswinkl, genau ünter den „Göttlichen Haussegen". I woaß eh nimmer, wia r er genau lautet. De letzte Zeiln hoaßt halt:

„Wo Liebe – da Friede – Amen!"

Der Weaner Schurl

Anfang der dreißger Jahr, da hats doh bei uns sovül Arbatslose gebm. In Gäu daußt, ünter de Bauern, hat wegn den neamt a richtige Nout glidn, ebba r a so, daß er vor den láárn Barn gstandn wár. Aber in de groußn Stödtn, z Linz oder gar z Wean, hánd scho oa gwen, de heint nuh net gwißt habnt, obs morgn wo a Fuaderkrippn findnt. Und wei áf de Weaner Pflasterstoa nix wachst, net amoi a Sauerampfer oder a Strumpfn, hánds halt ausgroast, aussi aus Wean, und hánd wia d Heuschreckn über de Bauernderfer hergfalln. Net ebba hámstern, wia nach aran Kriag, zu dem habnts koa Geld ghabt und koa Tauschguat, sondern richti bedlngehn, fechtn. Vo Haus zu Haus, vo Hof zu Hof. „An Arbatsloser tát bittn …". Freili, de oierbessern hánds oft net gwen, seids mar net bes! Mit de, de wirkli an Arbat gsuacht habnt, hánd áh häufti kemma, de koane mögn habnt: berufsmäßige Falottn, Sándler und anderne verkrachte Existenzn. Oi Viertlstund hat oaner klopft bein Bedlfenster: „Bitt gar schen um a Krüagl Most!" oder „An Arbatsloser tát bittn um a Nachtquartier!"

Hie und da hat a Bauer gsagt: „An Arbatsloser? – Des páßt aber! I brauchat eh an groußn Knecht!" – „Des tuat mar lád! Da kann i net mit. I bin a glernter Ringlgspüifahrer!" – „Is scho recht", hat der Bauer gsagt, „wia r a großer Knecht schaust eh net aus mit dein zlodertn Gstöll und dein ewign Rausch!"

Aber oamoi is wieder oaner kemma, a weng a jüngerner, und hat bein Strizl in der Stöd anklopft, bei unsern Nachbarn, um a weng ebbs zon Essn z Mittag. Bein Strizl habnts grad fürs Heueinführn angricht, und der Bauer hat si hoamli g'ärgert, daß a so a starker junger Mensch zon Spazierngehn derweil hat an an so an trábign Tag. Drum hat er gsagt: „Was? An Arbatsloser bist! Mir hädnt Arbat häufti!" – „Bauer", sagt der Fechter, „wannst as ernst mánst, vielleicht könnt i euch wirkli a bißl hälfn!" – „Ja mein", sagt der Bauer, „vo wo bist denn? Leicht gar vo Wean?" – „Du hast as derratn, Bauer: I bi vo Wien. Zwá Jahr hab i g'arbat, beim Gerngroß, als Packer. Seit drei Monat bin i iazt ohne Arbat." – „Ja mein! Vo Wean … als Packer …! Packer brauch ma koan! Bei uns, da muaß oaner an-packa!"

Da hat eahm d Strizlin sei Essn bracht, áf d Sunnbänk aui: a Teller mit an Knödl und a weng a Brádlsoß. Und a Krüagl Most dazua.

Wia der Weaner Packer g'essn ghabt hat, kimmt der Bauer und siahgt, daß der net amoi sein ganzn Most austrunga hat. „A bsoffner Mostfechter bist also net", denkt eahm der Bauer und sagt: „Na, und wia iss iazt? Mechst uns du wirkli helfn heint, bein Heu-einführn? Kennst a Gabi und an Recha ausanand? – Also scho? – Nacher probierst as! – Wia hoaßt denn überhaupt?" – „Georg Sobotka hás i. Aber nennst mi oanfach Schurl!"

Da is der Bauer in d Kuchl einh, hat mit an Gábi a Stückl Surbrádl und an halbatn Knödl angspießt und hats an Weaner Schurl außibracht áf d Sunnbänk und hat eahms áfs Teller higstroaft. „Zon Arbatn braucht ma mehrer Kraft wia zon Spazierngehn!" hat er glacht.

A so hat des midn Weaner Schurl angfangt. Er hat a de Strizl Leut Heu-einführn gholfn. Und hat sie gar net so dumm angstoillt für so an Vagabundn. Nuh dazua an Weaner!

Zerscht hat er nah-heign müassn. Da hatsn scho a weng gfeiglt: Er hat an Recha z'ebm ghabt und is in oan Trumm in Wasn eihkemma mit de Rechazähnt und is hängabliebm. Aber a so an Eifer hat er ghabt, grad glaufn is er. Der Schwiz is eahm ahergrunna, aber er hat glacht dazua. „Du muaßt an Rechastül a weng steiler haldn, sunst ackerst uns d Wies um!" hat der Bauer glacht. Aber in dem Moment hats bein Schurl scho kracht: er hat an Rechastül a'grissn. „Feit net weit!" sagt der Bauer. „Wer nix tuat, bricht áh nix! – Da hast an neichn! Aber mit dem dráhst mar a weng helder auf!"

Und áf oamoi, gegn an Schluß aussi, is as si so ausganga, daß bedseitn von Fuader a Zeil glegn is. Der Weaner Schurschl siahgt des, laßt sein Recha falln, packt an übrige Roihgabi und fangt áf der Handseitn s Áflegn an. Ganz schene Binkl hat er zsammgschobm und hats a der Fasserin auffigebm, wia r ers gsehgn ghabt hat bein Bauern áf der herentern Seitn. Zerscht is freili oiwei des mehrer wieder ahergrutscht, aber nah r an Zeidl hat ers kápiert, daß er d Gabi dráhn muaß, wann d Fasserin um an Bögl glangt; daß er hergeht. Und a Gstrárat und a Gfetzat hat er ghabt bei seiner Zeil, daßd vo der Weidn gmoant hast: is leicht da eh nuh net áfglegt? Aber da is ja er scho wieder midn Recha grennt und hat zsammgheigt und nachiputzt und wieder áfglegt.

„Der mag wenigstens!" hat der Bauer gsagt. Nacher hánds zu der Jausn ganga. Und nachn Brout sagt der Bauer zon Schurl: „So, iazt hättn mar nuh anderthalb Fuader. Hülfst uns nuh?" – „Freili", sagt der Schurl, „i han enk ja bei der Jausn áh nuh gholfn! – Aber, Frau Bäurin, sánds bittschön so guat und pick- ans ma da a Leukoplástfetzerl auffi áf mei Wasserbladern. Der Gabistühl hat mi aufgwetzt!" Áf der einwendign Seitn von rechtn Dám hat er sie aufg'arbat ghabt. Aber er hat net zierla tan.

Wias wieder áf d Wies aussikemmant, iss hint a weng schwarz áfgstiegn ausn Wederloh. „Wirds leicht gar regnad?" sagt der Bauer. Da laßt der Weaner Schurl sein Recha falln, glangt wie- der um d Roihgabi und hüift an Bauern áflegn. „Für an Weaner Budlhupfer is er gar net so dumm!" denkt eahm der Bauer und sagt zo sein Tringatrager-Dirndl: „Geh, Lisl, stoi dein Kruag doi und tua a weng nachheign. Mir derdürschtnt eh net!"

Recht schen habnts eahnerne zwoa Fuader nuh hoambracht. Nacher hat eah s Dunnerweder zon Feierabnd gschrian. Freili habnts ja nuh eahner Wegarbat ghabt. Aber zon Schurl hat der Bauer gsagt: „Du werst ja heint eh übernacht bleibm bei uns. Sitz di derweil in d Stubm; mir kemmant scho, wanns zo der Suppn is!"

Der Weaner Schurl hat eahm aus sein Fechterbinkl a Handtuah auergsuacht und hat sie gwaschn i der Waschkuchl. Sogar s Hemad hat er a'zogn bein Waschn. Nachern hat er si in d Stubm einhgsitzt, áf d Wändbänk, aber hübsch weit hint. „Ruck nar a weng auffer! Hast ja g'arbat áh!" hat d Bäurin gsagt. Und wia nacher d Hausleit ausn Stoi kemma hánd, zo der Suppn, da is der Schurl áh bein Tisch gsessn, nebm der großn Dirn, und hat mitglöffelt aus der irdern Milischüssl und hat aus den gleichn Mostkruag trunga wia de andern. „Na", sagt der Bauer, „wohi gehts denn morgn wieder bei dir? Was hast denn für a Gäu?" –

„Wannst damit an Bedl-Rayon mánst, Herr Bauer, dann muaß i di enttäuschn. I geh net gern fechtn. I geh nur, daß i net derhunger." – „Naja", sagt der Bauer, „für heint bin i dir ja eh an Lohn nuh schuidi. Sagn mar a so: Du bleibst morgn äh nuh da und legst di in d Sunn und rast di aus und zon Essn kimmst in d Stubm. De drei Mahlzeidn und a zweits Nachtlager, de hast bei uns guad. Des is dei Lohn!"

Da is der Weaner Schurl gern einverstandn gwen. Und weil er si áf d Nacht um an Hoangartntisch umi recht gschickt und anständi benumma hat, hatn der Bauer net in Roßstoi schlafn lassn, wias eigentli gherat für an Fechter, sondern d Bäurin hat eahm a Deanstbotnbett hergricht áf der Duin obm.

Naja, und nächstn Tag, da hats der Schurl net aushaldn, wia r er d Hausleit bei der Arbat gsehgn hat. Habnts iazt g'arbat wasderwöll, er hat an iadsmoi dessel Trumm gfundn, des er grad braucht hat: a Mistgabi, an Stroafrecha, a Háckl oder – seine oagna Fäust. Und hat zuapackt.

An Bauern is nix anders überbliebm: Er is eahm wieder an gfeiratn Tag schuidi gwen, und a Milisuppn und a Brádl, und a Bett für de dritt Nacht. Na, und iazt kinnts enks ament eh scho denga: De Gschicht hat si fortgsetzt, vo oan Tag áf den andern, und der Weaner Schurl is dabliebm! Is Knecht wordn beim Strizl in der Stöd.

Hat si aber doh net ghaldn áf d Läng, als Knecht. Zehn Jahr dráf is er nämli Strizl wordn, Bauer áfn Strizlguat. Er, der Packerlehrbua vo der Kärntnerstraß z Wean, der Weaner Scháni, der Budlhupfer, is Bauer wordn in der Stöd. An echter Innviertler Bauer! Und des hat er ganz oanfach zwegnbracht: Er is fleißi gwen und arbatsam und – hat de oanzi Strizltochter gheirat.

Buder rührn

Mir hánd unser neun Kinder gwen, bein Fellner in der Stöd: fünf Buam und vier Dirndl. I han als erschter einrucka müassn, in neinadreißger Jahr, wia der Kriag ausbrocha is; eigentli scho zwoa Monat davor, nuh in Friedn. Bal dráf hánd aber de andern áh drankemma, oi paar Monat wieder oaner: der Sepp, der Fránzl und der Toni. Grad der Schos hat dahoambleibm derfn bein Vatern, daß unser Bauernwirtschaft net zsammbricht.

Iazt hámma unser vier Brüader beim Militär gwen, in Kriag daußt. I bi jung gwen und dumm und abenteuerlusti und han halt a so in Tag einhglebt wia der Hans in Glück, áh r an der Front. Aber was unser Muatter dahoam mitgmacht hat – vier Söhne in Kriag daußt, und des sechs Jahr lang! –, des kann si a so a dummer Bua net ausmaln, áh wann er scho fünfazwoanzg Jahr alt is.

Unserne Schwestern hamma natürli recht derbarmt. Und d Káthi, de scho verheirat gwen is, und selber a Bäurin und a Muatter mit kloane Kinder, d Hofbäurin z Henoia, z Eggerding, hat oamoi dem, oamoi dem vo ihre Brüader a Feldpostpáckl gschickt. Aber was soits denn oiwei einhtoan in a so a Páckl? Saua'stecha derfst grad nuh zu oi heilign Zeidn, wanns dar gnädig bewilligt wird vo der Gemeinde. Sogar d Henna hánd zöhlt und d Ántn, und buderrührn derfst erscht recht nimmer. D Schandarmerie hat überoi d Buderkübeln versiegelt.

„I brauch aber an Buder, zon Leckerlbacha und fürn Guglhupf!" hat d Káthi gsagt, mei Schwester, d Hofbäurin. „I wer(d) eahn doh net Erdöpfi áf Rußland schicka!"

Aber da hat sa si erinnert, daß ma r an Buder áh ohne Buderkübi erzeugn kann. Ma müassat halt an Weitling voi Ráhm nehma und mit der Schneeruatn oder mit an Kohlöffi so lang schlagn, bis er zsammsteht. Des gibts! Und des habnt scho hie und da oa tan.

D Káthi hat also a Wocha lang oi Tag bein Obersliefern a weng an Ráhm a'zweigt und áf d Seitn tan – net zvül, daß net áffallt. Und nah r a Wocha hats wirkli a Häfn voi beinandghabt, in der Speis daußt, hinter der Stoilásch, daß d Dirn net siahgt. Überhaupt iss besser, wanns neamt woaß, net amoi d Hausleit. Daß si deant koans verpláppert!

Nacher is der Tag kemma, wo s s Rührn in Sinn ghabt hat. Heint áf d Nacht packt sie's! Der Rähm ghert weider. Der Zeitpunkt hat eigentli eh gar net guat paßt: Den ganzn Tag iss recht trábi gwen, und áf d Nacht scho saumüad. Und da kemmant áf oamoi áh nuh Nachbarsleit daher und bleibmt langmächti sitzn i der Stubm.

Wia nacher der Bsuach endli furtgwen is und d Hausleit oisand in Bett, da hat d Káthi d Kuchlvürháng zuazogn, ihr Ráhmhöfn ghoit und hat si mittn in der Kuchl áfn Schuasterstuihl gsitzt. s Häfn hats áf der Schouß ghabt und hats mit de Oberschenkl einzwickt und mit de Knia.

So und iazt hats s Schlagn angfangt. Net z'langsam, aber áh net z'gausterad, schen gleichmäßi. Weil des Tempo werds iazt a halbe Stund aushaldn müassn, oder dreiviertl Stund, oder a Stund, oder zwo. Des woaß ma bein Buderrührn vorher net. Und rührt und rührt und rührt, und schlagt und schlagt und schlagt, und rührt und schlagt. Oiwei gleich dahi. Des wár ja eigentli a so an Arbat, wo ma Rousnkranzbetn kunnt dabei! Oder d Letanei áfsagn! Aber de paar Anrufungen, de der Káthi auskemma hánd bein Rührn, de habnt net aus der Lauretanischn Letanei gstammt. Zum Beispül: „Leck mi am Arsch!" „Der Teifi soits hoin!" und „Kruzitürkn nuh amoi, du elendiger Scheißráhm!"

Und d Kathi rührt und rührt und rührt. Nuh a Viertlstund und nuh a Viertlstund und nuh a halbe Stund. Aber bei den Scheißráhm wird nix anders, obst eahm iazt schentuast oder obstn schimpfst. Iazt tuats scho weit über a Stund oiwei buderrührn, und rührt si nix und beberlt si nix in Höfn drin. I moan, si schlagt scho a weng langsamer und hat a so an träumerischn Blick, wia wanns meditiern tát, und des Stoßgebet, dess iazt nuh von sich gibt, des klingt scho recht zähm und hübsch hoamli: „ ... Názibagásch ...verdammte! ... Buderkübi ... versiegt ...!"

Dieses war ihr letztes Wort. Weil danach hats an Duscher gmacht und an Scheberer, wia wann d Kuchlkredenz umgfalln wár. Da hat aber d Káthi d Augn wieder aufgrissn, und d Ouhrnwáschl áh. Is ihr schier gwen, wia wanns gschebert und grumpelt häd. Und wias iazt genauer schaut, da sitzt sie mittn in der Kuchl áfn Schuasterstuihl, vor ihre Füaß liegt an umgstürzts Obershäfn, und des ganz Kuchlpflaster schwimmt vo lauter Ráhm.

„Hast a rechte Wut ghabt?" han i mei Schwester gfragt, wias mar ihr Pech verzöhlt hat nachn Kriag. „A wo!" hats gsagt. „Überhaupt net! I bi grad nuh müad gwen, sunst gar nix! Wia mar der Ráhmweidling áf oamoi ausrutscht und an Bodm ohifallt, da han i grad nuh gsagt: God sei Dank! und bi áfgstandn und ins Bett ganga. Nimmer amoi zsammgwischt han i!"

Der Goashäusl-Lois wird a Millionär

Der Lois is eigentli vo Freiling gwen, von Goasheislmann. Dort is er áfgwachsn zwischn dem Schuastermist, den sei Vader, der Flickschuaster, ahergschniazlt hat vo de dickn sauhäudern Schuahsoihn, de er áf de zsammgfrettn Feldschuah vo de Freilinger Bauern auffigfelbert hat. Der Bua hat nix glernt wia Hennersprenga und Goashüatn.

Aber ebm, bein Goashüatn, da hat er s Nahdenga angfangt und s Fantasiern: er mecht amoi a reicher Mann werdn. Und hat an Mordszorn kriagt áf seine Elendsgoaß, de Krüppi de elentign! Da hockst an ganzn Tag umanand und muaßt áf de Luader áfpassn, de stützign, de oiwei grad da fressn woint, wos net derfnt. Und er hat gwißt, daß er net sei Lebta a Goasbua bleibm werd.

Kurz und guat: Eines Tages is der Lois sein Vadern davo und seine Goaß und is bei an Metzger eingstandn. Fleischhauerei und Viehhandel. Zerscht hat er extra nix z'toann ghabt wia Hundsfuader austragn und Kaibitreibm und hie und da a Fárkl, des hiwordn is, midn Wáglhund zon Schinder fahrn. A Gejd hat er da kám amoi z'sehgn kriagt.

A Saubua bleib i áh net! hat der Lois gsagt, des tragt z'weng! I mag reich werdn! Und a so is er zo ra Speditionsfirma kemma. De habnt a Botngschäft ghabt, mit Roß und Loaterwagn. Páckl verstölln, áfn Bahnhof fahrn, und Botschaftn ausrichtn. Oi wocha oamoi áf Obernberi, oamoi áf Altham und oamoi áf St. Martin.

Da hat eahm der Lois scho sei Gerschtl verdeant, und oft nuh a schens Trinkgejd dazua. Aber reich is er hoit áh net wordn hinter de räßladn Roß. I wir scho nuh ebbs Hehers, hat er oftmächtig gsagt zu eahm selm, ebbs, des a weng mehrer tragt!

Und wirkli, er is vorwärts kemma und hat ollerhand erreicht in sein Lebm. Landmaschinenvertreter is er a a Zeit gwen, und danah Anschaffer bei de Faßzieher. Und schließli hats eahm doh nuh gratn, daß er reich wordn is, schwárreich sogar, wia r a Millionär!

Er is da in d Gastronomie einhkemma und is Kellner wordn, schließli sogar Hotelkellner áf an Schiff. Eigentli der Oberhotelkellner mit der groußn Briaftaschn und hat nix mehr z'toann ghabt wia Kassiern bei de Hotelpassaschiere und Gejd einsammeln in de drei Speisesäle. Des Schiff is nämli a Luxusdampfer gwen und is vo England áf Amerika umigfahrn.

Ganz stád habt si ja a so a Schiff nia; es nörgglt oiwei a weng hin und her. Des kimmt vo de Welln und von Wind, is aber áh net oiwei gleich. Und oamoi, da hat hoit des Schiff a weng an gáchern Rumpler gmacht, a so an ugramer Stoußer, sodaß sogar häufti Passaschiere ausgrutscht hánd und higfalln. Hauptsächli so feine Dámen mit de houha Stöckl. So Stadterer hoit und so Landratzn. Weil der Lois, der ehemalige Schuasterbua vo Freiling, der is inzwischn an alder Seebär gwen. Den hast nix ankennt. Der is so fest dagstandn wia der oacher Fleischstock vo sein Metzger seinerzeit.

Aber wias da vo den Stoußer a paar Leut gschmissn hat und etla Bierkrüagl hánd umgfalln, da hánd ganz vül Hotelgäste frei dámisch wordn und hysterisch und wárnt ohne Zahln davo vo eahnerne Tisch. „Halt, halt!" hat der Lois gschrian, „meine Herrschaftn, zahln!" A paar hánd eahm eh davo, aber de mehrern hat er nuh derwischt. Häufti habnt eahm schnej an Tausender higschmissn und habnt gschrian: „Stimmt scho!", und dahi hánds gwen. Oa habnt überhaupt glei de ganz Briaftaschn liegn lassn áf eahnern Platz und hánd davo. Der Lois is vo oan Speisesaal zon andern teifelt und hat grad nuh Briaftaschn eingsammelt und Tausnd-Dollernotn. Aus jedn Hosnsack is eahm s Gejd auerghängt, weils in Sack drinn nimmer Platz ghabt hat.

An dem Tag is an Loisn sei Wunschtraum in Erfüllung ganga: Er is reich wordn, nárrisch reich. In fünf Minutn is er a Millionär gwen! Des muaßt dar amoi vürstölln: Er, der Goashäuslschuasterbua vo Freiling – is Millionär wordn!

Wias midn Loisn nacher weiderganga r is und was er mit sein Reichtum angfangt hat, des kann i enk leider net verratn. I woaß net. Grad den Nam vo den Schiff, den han i nuh innwordn: Des Schiff hat Titanik ghoaßn.

(De Titanik is 1912 áf an Eisberg áfgfahrn und mit 1500 Menschn unterganga.)

Sein tuats ebbs!

"Jaja, sein tuats ebbs!" hat der Franz gsagt. Da is er vor seiner Haustür gsessn, áf der Sunnbänk, um Mitternacht, weil na sie net einhlassn hat, sei Genoveva. "Mit dein Rausch kimmst mar net as Haus, du Sau du bsoffne!" hats gsagt, d Genoveva. "Da hast a Roßdeckn, is eh net kalt heint nacht! Kannst di áf d Sunnbänk legn, bist wieder liacht bist, du Sau du bsoffne!" Und scho hats d Haustür zuaghaut und an Rial vürgschobm.

"Nán, sei tuats ebbs! – Wegn de paar Halbe!" hat der Franz nuh breamit und hat si ünter seiner Deckn verschloffm. "Dabei tuat mar s Bier so guat! I bi ja sunst áh koa dummer Mensch, aber wann i a fünf a sechs Bier in mir han, de rieglnt mi a so áf, daß i ganz gäusti wir. Und da versteh i áh nacher oiss weit besser! Sogar mei Büachl vo der Philosophie! – Wo i des herhan? Von Kiritag, von Lambrechtner Kiritag! Da is a Stand gwen, de habmt Bilder verkauft, und an Haufn alde Büacher habmts áh ghabt. Und weil i eh nuh kám amoi a Büachl in Haus ghabt han, sag i: "Was kost denn a so a Büachl?" – "Zehn Schilling", sagt er, "zehn Schilling! Bei mir kost a jeds Büachl zehn Schilling!" – "Nacher nimm i mar natürli des dicker!" han i gsagt und han mar a hübsch a schwárs ausgsuacht. ,Geschichte der Philosophie' is draufgstandn. Des werd a Liabsgschicht sein denk i mar: de Schicksale von irgnd a so a Philo - mena oder was. Naja, zehn Schilling werds scho wert sein! Da han i mi aber gro täuscht ghabt: D Philosophie is gar koa Weiberleut, sondern a Wissnschaft. Glesn han i's aber trotzdem! Gar a so han i mi oft net auskennt. Grad wann i an etla Bier trunga ghabt han', da is mar nacher oft s Liacht áfganga. Und da han i's nacher für a Zeidl kapiert, wo d Welt herkimmt und wo s hitreibt. Mei Genoveva hat des Büachl nia glesn. Sie verstándts áh net! Wei wann i hie und da amoi a so philosophiert han, wo ebba d Welt herkimmt, hat si oanfach gsagt: "Steht ja eh a der Biblischn Gschicht drin! In Ánfánge erschuf God den Hihmel und die Erde." "Ja", sag i, "aber in mein Philiosophiebüachl steht drin: ,In Amfange war der Urknall'. Des is a weng ebbs anders! Grad oans is gleich: überoi hoaßts ,in Amfange', ,in Anfange'! Aber grad des ,In Anfange', des macht mi oiwei spekalierad. Wei, was is denn vorn Anfange gwen? – Ja, nix halt! sagnts. Aber bein Urknall, da muaßs ja doh ebbs zrissn habm, sunst häds ja net kracha kinnt! Also muaßs vorn Amfange áh scho ebbs gebm habm. Aber über des lest áh nix bei de Philosophen eahnerne Spekalierereien und Spintisierereien. – Nán, sein tuats ebbs! Obwohls sunst eh áf ganz spitzfindige Sachan kemmant. Oaner vo de Philosophen hat gmoant, er is alloan áf der Wejt! Er alloan! Er ganz alloan! Und oiss, was er nuh siaght nebm seiner, des buid er eahm grad ein! Seine Sinne machant eahms vür! Wei zum Beispül d Augn, sagt er, áf de kannst di áh net ganz verlassn. Und áf d Ouhrnwáschl áh net. Unser ganzes Wissn, sagt er, beruht aber auf den Sinneswahrnehmungen und ist daher höchst subjektiv und unsicher. Sicher is nur die eigene Existenz, z. B. daß i da heraußt áf der herchtn Sunnbänk lieg mit der aldn Roßdeckn, und sie, d Genoveva, áf den woachn Strouhsack mit unsern Pflámtuchad.

Aber des vo ihr, daß sie drin im Bett liegt, des is scho wieder net ganz sicher. Ament buid i mir des grad ein. Zon Schluß gibts d Veva gar net wirkli, und i han mars grad ausdenkt. Aber da häd i mar áh ebbs Gscheiders ausdenka kinnt und net a so a grantigs alts Weiberleit! Nán, sein tuats ebbs!

Nán! Recht hat er eh net, dersel Philosoph. D Genoveva, de muaßs scho wirkli gebm. Sunst häds mi ja net auispernn kinnt! Jaja, de gibts scho, sunst häd i áh koan Dübi áfn Hirn. Aber obs mi wirkli gibt, net amoi des is so sicher, wia dersel Philosoph moant. Wei, i bi ja eigentli a Zwillingsbruader. Des hoaßt: Mir sánd Zwilling gwen, mei Bruader und i. Und des is oiwei nuh net auerkemma! Bis heint net! Was für oaner vo uns damals gstoribm is an Tag vor der Tauf. D Nám habnts ja scho ausgsuacht ghabt für uns, Hánsi und Fránzi; aber mir hánd so gleich gwen, daß uns net ausanandkennt habnt, wer der Hans is und wer der Franz. Na, und da is oaner vo uns gstoribm an Tag vor der Tauf, und bis heint woaß ma's net, is damois mei Bruader gstoribm oder i. Sodaß i's eigentli net ganz sicher woaß, ob i überhaupt áf der Welt bi oder net? Ob mei Bruader gstoribm is – trestn God! – oder ob i gstoribm bi – trest mi God! Hie und da, wann s Wei recht bes is áf mi, da wárs mar schier liaber, wann mei Bruader nuh lebat, statt meiner. Dem vergunnat i's oft a paar Tag, mei Genoveva.

Na ja! Sein tuats ebbs! A so a gwehnlicher Mensch, den d Philosophie net a so herdruckt wia mi, der hat söcherne Probleme net. Je mehr daßd woaßt vo der Wejt und je mehr daß dar s Bier in Kopf umanandwerkt, umso schwieriger wird s Lebm. Ohne Philosophie und ohne Bier lág i iazt net áf der herchtn Sunnbänk. Jaja, sein tuats ebbs áf der Wejt!

Die Salzkammergutreise

S Roasn is heint modern. Früaher is ma hoit amoi in d Schmolln ganga oder áf Maria Táferl gfahrn. Heint teifelns a der ganzn Welt umanand. Da müassns áf Italien roasn und áf Jugoslawien, und der Hinterbauer is sogar scho amoi in Spanien gwen. Und wannst a so an Welt-uma-nand-Plederer vo unserner Hoamat um ebbs fragst, dann woaß er net amoi, wo Peuerbach liegt. Und vo Gaschpoizhofn hat er überhaupt nuh nia nix ghert. Dabei wárs bei uns so schen – schener scho wia in Mallorka.

Des habnt uns mir áh gsagt, i und der Sepp und sei Wei, s Steffibauer Resl. Zerscht muaß der Mensch amoi sei Hoamat kennalerna, daß ma mitredn kann, wann z. B. von Salzkammerguat d Red is. Grad s Salzkammerguat! So schen iss ja doh eh ningascht áf der Wejt! Und werd áh net leicht wo söcherne Sehenswürdigkeitn gebm wia z. B. z' Ischl.

Drum hámma r áh mitgfahrn, i und der Sepp und s Resl, mit dem Onibus von Hinterhoizer, „Tagesfahrt durchs schöne Salzkammergut". Schen iss gwen! Und seitdem macht mar hoit neamt mehr ebbs vür, wann d Red amoi áfs Salzkammerguat kimmt. I hans sejber gsehgn, des weiße Rößl, des berühmte, am Woifgangsee. St. Gilgn liegt ja áh am Woifgangsee, und der Sepp verwechslts oiwei, des St. Gilgn und des St. Woifgang. „Nán", sag i, „Sepp! Des mit den schen Wirtshaus am See, des is St. Woifgang gwen! Da, wost du des Bier trunga hast, des so teuer gwen is! St. Gilgn, des is áf der andern Seitn ent, da wo de toude Katz áf der Straß glegn is."

Da gibt ers nacher zua, der Sepp: „Ja, i woaßs iazt scho!" sagt er. „Des mit der toudn Katz, des is St. Gilgn gwen."

„Z' Ischl iss aber áh recht schen", sagt nacher s Resl. „Wia da der Traunstein groußmächti dasteht!" – „Du verwechslst as!" sag i. „Der Traunstein, der is z Gmundn!" – „I verwechsl nix!" sagt s Resl. „Moanst, i kann mi an Ischl net erinnern! Z' Ischl, da is ja doh de teuerne Konditorei, wo i de Eiskremtortn g'essn han. Z' Gmunden han i ja doh koa Eiskremtortn g'essn. Da habm mar uns ja doh Schnitzl bstoillt. Ja freili, des mit de Schnitzl, des is Gmundn!"

Und des Ebmsee, des vergiß i áh nia! Da is ja doh des gspoaßi Wirtshaus gstandn nebm der Straß, an der Leitn dran: Hint vorn und houh niader, hat der Sepp gsagt. Nán, sag i, vorn houh und hint niader. Du, da habnts a guats Bier ghabt! Du sakara! Vier Halbe han i mar vergunnt.

Und Mondsee, sagst? Des kann i mar nimmer eignst einbültn. Freili, sag i, des woaßt ja doh: Des grouß Wirtshaus áfn Platz. Du bist links gsessn bein Tisch und i rechts, bei der Garderob. Und da is mar oiwei a fremder Mantl ins Gnáck einhghängt, a weng a nasser, und hat mi oiwei kitzlt. Drum han i áh grad oa Bier trunga dort. Sunst is aber des Mondsee ganz schen, bis áf den lästign Mantl.

Und wo is des gwen, wo's di midn Häuslgehn a so verfolgt hat? Weilst so lang koans gfundn hast? – Ja, des woaß i scho. Des vergiß i nia, weils bei mir scho bal z'spat gwen war. Strobi hats dort ghoaßn, Strobi. Ja, wannst amoi a so an Onibusfahrt mitgmacht hast, nacher woaßt ebbs und kennst di aus in Salzkammerguat. Und macht dar neamt nix mehr vür.

Weil Altmünster, des woaß i áh nuh genau, und des vergiß i áh net. Da habnts a fesche Kellnerin ghabt, du sakara! De hat mar a weng schen tan, hast des scho kapiert? Sie moant, daß i nuh hübsch gfährli wár, hats gsagt. Vo dir hats net gredt.

Ja, weilst du s Bier umgschütt hast, vor lauter Gickerlspüln und Balzn, und akkrát mir áf d Schouß. Mei Hosn is ganz nass gwen.

Z' Oberhofn hán mar áh gwen in den großn Wirtshaus. De habnt dar schene Toalettanlagn, so grean und blau verkachlt. – Und bist leicht wegn de so oft as Pissoar ganga?

Naja, es is ja grad, daß ma redt davo und ebbs zon Verzoihln hat. Zum Beispül: An Luftballon habm mar áh z'sehgn kriagt, an großn, und a Dampfschiff áfn See, und oamoi is uns a Mordstrumm gscheckader Metzgerhund direkt vors Auto glaufn, vorn Autobus. Grad daß mar'n net zsammgfahrn habnt.

Des Haus vo der Steffibäurin ihrer Firmgodn habm mar áh gsehgn und bei derer Metzgerei hán mar vorbeikemma, wo der Hans amoi an Stiern kauft hat, an schwarzbuntn.

Naja, wer roast, der kann hoit ebbs verzoihln, wei er ebbs woaß vo der Welt. I und der Sepp und s Resl, mir habnt hoit an ganz an andern Überblick iazt, seit mar unser Salzkammerguatfahrt gmacht habnt. Sein tuats, wia wann dar erscht iazt s Licht aufganga wár.

Lobliad auf Amerika

Ja ja, Amerika! Des is ja mei Traum! I hans ja sejber nia gsehgn, aber von Fernsehgn her kennt ma's hoit und vo der Frau Huaber. De is drent gwen, d Frau Huaber, de Gattin von Merzedes-Huber. So Leit kinnant eahs leistn.

Erscht iazt iss wieder drent gwen, ganze drei Wocha iss drent gwen. Urlaub in Florida. Und net weit vo Miami weg! Miami, des kennst ja doh! Von Miami Vize in Fernsehgn!

O mei! hats gsagt, d Frau Huaber. Da hán ja mir weit hint! Mir da z Riad, mir lebn ja nuh in Mittlalter! Háh, wannst da wieder hoamkimmst, vo Amerika zu uns umer, da moanst, du kimst in an Entwicklungsland! In de dritte Welt!

O mei! o mei! Bei uns is ja oiss so rückständi und oidváderisch und langweili. Zum Beispül vo Minga hoam, da hoam áf Riad her: Da muaßt bei uns midn Auto hoamfahrn. Z Amerika, da floigt oiwei oiss! Áf der Straß, sagt d Frau Huaber, fahrt oaner nur so kurze Streckn wia r ebba áf Grieskira ahi. Áf Wels, da wurdt scho gflogn.

Dabei hädns so schene Straßn. A einspurige Straß gibts da überhaupt nimmer. Und a Straß mit an Gegnverkehr findst in ganz Amerika koane. De Hauptautobahn, de áf Miami ahigeht, is – iazt hab di ein! –, de is zwölfspurig! Da is was los, mei Liaber, hat d Frau Huaber gsagt. Und häufti Straßn hánd mehrstöckig! Hauptsächli bei de Kreuzungen. Oamoi hán mar a Zeidl in fünftn Stock obm dahigfahrn, bis mar wieder oigfundn habn áfn Bo'n. Des is scho herrlich, aber mir habn sowas net.

Und wia grad de Straßn alle sánd! Schnurgrad. Und da störn di áh koane Derfer, wost durifahrn müassatst. Es gibt koane Derfer und ningascht an Kiraturm; es schaut oiss so schen gleich aus, hundert Kilometer dahi: Grad Tankstellen und Supermärkte und Gewerbehallen und Lagerhäuser und Tankstellen und Hotels und Motels. Und dazwischn pfeilgrade Blumenbeete und Rabattn. Und oiss asphaltiert! Herrlich!

Und a so a wüldgwachsns Bleamizeig und allerhand Gstankarat und Gstaudarat und so ausgwachsne Bám, wia es bei uns gibt, des habnt d Amerikaner scho lang hinter eah. Und a so a Gfräßt in der Landschaft drin, wia bei uns, so Haslnußstaudn und Huafpflegern und Brennessl und Unkraut, mit a so an Glumpat tátn si d Amerikaner schama! Dafür hat der Guvernör pássade Ziersträucher setzn lassn. Vo selm derf in Miami nix mehr wachs!

Und so krumpe Báchl wia bei uns, mit an so an ungepflegtn Glumpat an de Ufer, so Elexn und Pfaffnkáppi und Hollerstaudn, sowas beleidigt de amerikanischn Augn. Bei eah is oiss reguliert und gegn Schlamm und Dreck versichert. Oaner, der de pfeilgradn Palmen vo Miami gsehgn hat, der kann unserne verkrüppeten Öpfibám überhaupt nimmer anschaun.

Und erscht de herrlichen Badestränd! Hundert Kilometer lang! Mit Millionen Leit! In de modernstn Badeanzüge, hat d Frau Huaber gsagt. Und so schene gscheckade Kioske und tausende Sonnenschirm! Und de romantischn Saluuns mit de Pferdehalftern! Und oiwei scheint d Sunn, und überoi gibts Coca Cola!

Des is ja wia in Lignano oder in Jesolo! sag i. Aber da han i's derratn! Oje! hats gsagt, de Adriastränd! Der adriatische Germanengrill, der is was für Armutschkerl! Weil zwischn Sunn und Sunn, da is an Unterschied, mei Liaber! Und zwischn Sand und Sand áh! Wei in Miami, da scheint d Sunn amerikanisch! Und der Sand is áh besser wia der italienisch.

Mei Mann sagt oiwei, sagt d Frau Huaber, mir floignt scho wegn dem wieder umi áf Amerika, sagt er, wei i da ent net sovül red wia dahoam. Is aber eh net wahr! I red sogar scho ganz guat áf englisch. De wichtigstn Wörter kann i scho. Und wann mi scho wer anredt und i kenn mi net recht aus, da sag i hoid oiwei: „Oh Yes! Senkiu weri mátsch!" oder „Biutiful". ‚Biutiful', des hoaßt ‚schen'. Und für ‚redn', da sagnt de Amerikaner ‚spirzn' – nán! – ‚spuckn' sagnts.

Naja, hats gsagt, d Frau Huaber, iazt hámma hoit wieder dahoam in unsern Entwicklungsland. An etla Jáhrl müass ma's nuh aushaldn de altváderischn Zustände. Bis mar hoid langsam nachikemman mit der Kultur hinter unsern großn Vorbild Amerika. Aber bis dahi müassnt nuh vül Brennessln ausgrissn werdn.

Großvatergedanken

Wann si der Mensch vo der Wejt verabschiedt und furtgeht für oiwei,
da muaß er oiss, was er ghabt hat und gliabt hat und was er áh gwen is,
hintlassn. Nix kannst dar mitnehma, wannst as áh nuh so gern mögn hast.
Da gibts koa Ausnahm für neamt: Unser Toudnhemad hat koane Säck net.
Oiss muaßt hintlassen! Oiss! Deine Kinder, dein Hof und dei Ehfrau,
s Haus und an Stoi mit de Küah und de Roß und s Troad in de Ösn!
Schließli sogar so Kloanigkeidn gringe, de zwar net vül wert hánd
für deine Erbm, grad dir habnts häufti bedeut und bist dran ghängt:
d Gödnuhr, a Fotografie, dei Stecka r ament und dei Pfeiffm.
s Rauka werd eh net erwünscht sein in Himmi; und oaner, der floign kann,
braucht koan Stecka. Und d Uhr? Mei, d Ewigkeit hat koane Stundn!
Blangt di um nix vo herint, und rührt di nix mehr vo der Erdn,
tuat dar nix weh und tuat dar nix wohl, und d Wejt kunnt dar wurscht sein.
Trotzdem wünscht si an iader, solang er nuh lebt áf der Erdn,
wenigstns daß er, wann er scho gstorbm is, a Leich hat a schene,
wo de ganz Freindschaft da is, de hundert Vettern und Básln,
und überhaupt de ganz Pfarr und sogar aus der Nachbarschaft häufti.
Und des Lob, des der Pfarrer gen sagn werd ament bei der Grabred,
'n Nachruaf von Burgermoaster und den von Feierwehrhauptmann:
schad, daß ma des nimmer hert! Und wann der Kirachor drankimmt,
wia da oi Leut um d Schneiztüachl glangant, da gspürst as für sicher,

daßd an angsehgner Mensch gwen bist, a beliabter! Und wann gar
d Musi anhebt midn „Näher, mein Gott" und midn „Guadn Kameradn",
da bin i heint scho gerührt, und wann i's áh dann nimmer hern kann.
Iazt glaub i's selm, daß i tüchti und bráv bi und daß um mi schad is.
Hert si recht gspoaßi schier an, wann i's sag; aber wirkli:
 i gfrei mi,
wann recht vül Leit bei der Toudnzehrung sitznt – bei meiner, bei meiner
Toudnzehrung! – und as schmeckt eah mei Rindfleisch und d Leberknodnsuppm.

Wann aber d Toudnzehrung aus is und d Leit gehnt hoam zu der Arbat:
Küahmela, saufuadern, vürgebm und einstrán, und liabm und schlafm,
und den andern Tag wieder. Und grad wia d Strumpfm und
 d Distl
wuachern oft áf aran Fel und derstickant dei Arbat und
 d Feldfrucht:
grad a so wachst áh der Tag übern Kummer – und du bist vergessn.

Denk dar nix Mensch! Du hast nix davo, wanns di nuh a so preisnt!
Hinterher hast nix davo! Wanns glei an iader gern habm mecht,
daß er nuh lebat recht lang bei seine Leit in Gedächtnis,
net daß er glei nah der Leberknodnsuppm vergessn und weg is,
furt, als hädsn nia gebm. Wia wannst vo der Tafi oan auslöscht,
daßs koa Mensch nimmer woaß, wer is denn da eigentli gstandn?
Nán! So armseli davogehn, des mag neamt. As wünscht si an iader,
daß er nuh grechnt und zöhlt wird dahoam und daß er nuh gnennt wird,
daß er so quási áf d Nacht nuh oiwei bein Hoamgartntisch sitzt,

wann die drei Dirndl an „Hollerstrauch" singant und wann
    unser Roßknecht
ebba dann sagt: „Unser Bauer der alt, der hat fein a guade
Händ ghabt für d Roß!" Und áh vo de Enkltechter, da sagt oans:
„Schauts! Den Öpfibám da, den hat der Großvater eingsetzt!
Mein du! Der schauat fein, wann ern heint sáhg, was des für a
    Bám is!"
Und nachn Essn, da kniant si oisand um an Tisch zu de Vür-
    bänk,
und der Bauer, der Suh, fangt an: „Im Namen des Vaters",
s Tischgebet, und áf Lest nuh: „An Vaterunser fürn Vater."

INHALTSVERZEICHNIS

Die Donaufahrt 5
Der Klassenkamerad 23
Vom Gehen mit den Füßen 33
Der Herr der Fliegen, Wanzen, Läuse 40
Warten, warten, warten 45
Zu spät! 50
Die Heimkehr 55
Die Kriegsgefangenschaft 59
Abenteuer eines Vorlesers 63
Das Jubiläum 69
Liebes Bundesrechenamt! 71
Das Europäische Schwimmschaf 73
Schafsgedanken 78
Glechner-Fäns 79
Der Schaf-Torero 80
Köpfchen 83
Von Hinterindien zur Wüste Gobi 84
Unser Goaßi 86
Fasanenküken 88
Entenkinder 92
Der Rehbock Hansi 97
Das Zwergzicklein von Hochkreut 103
Wie Rind schon! 105
Der erste April 106
Autotransporte 108
Luft, Licht und Sonne 110
Löwenzahn 111
Anschaun – net habm! 112
A Villa an der Cot Azür 113
Ausgleichende Gerechtigkeit 114

I bin so reich	115
I mecht arm sein	117
Mit achtzig in die Kurve	118
Die Vollbeschäftigung	119
Die Illustriertenweisheit	120
Kleschbumm	121
Die Prominenz	122
In der Sahelzone	124
Der Dankgottesdienst	125
Ogottogottogott	126
Von der Liebe	127
Wann i net oiss vergessn kunnt	128
Der Herr Hofrat Amsel	129
Gast in Reichersberg	133
De Fahrradlprüafung	136
Die Knödelmahlzeit	138
Der Guglhupf	141
Der Kurzmeier Wastl als Firmgöd	145
A schene Firmung	147
A Sauschwoaf für de Front	149
Des fremde Weibsbüld aufn Heubodn	152
Hasenrupfen	154
Jágerlatein	157
Die Ehekrise	160
Der Weaner Schurl	163
Buder rührn	167
Der Goashäusl-Lois wird a Millionär	170
Sein tuats ebbs!	172
Die Salzkammergutreise	175
Lobliad auf Amerika	178
Großvatergedanken	180